2019年度株洲市社科职教专项课题重点课题

U0748068

职教科技园服务株洲市经济社会发展能力提升研究

RESEARCH ON ABILITY PROMOTION OF
VOCATIONAL EDUCATION AND TECHNOLOGY PARK TO SERVE
ZHUZHOU CITY'S ECONOMIC AND SOCIAL DEVELOPMENT

刘剑飞　　著

中南大学出版社
www.csupress.com.cn

前言
PREFACE

　　职业教育要服务区域经济发展和产业转型升级已经成为国家战略。《国务院办公厅关于深化产教融合的若干意见》(国办发〔2017〕95 号)指出:"人才培养供给侧和产业需求侧在结构、质量、水平上还不能完全适应,'两张皮'问题仍然存在。深化产教融合,促进教育链、人才链与产业链、创新链有机衔接,是当前推进人力资源供给侧结构性改革的迫切要求,对新形势下全面提高教育质量、扩大就业创业、推进经济转型升级、培育经济发展新动能具有重要意义。"《国家职业教育改革实施方案》(国发〔2019〕4 号)指出:"把职业教育摆在教育改革创新和经济社会发展中更加突出的位置。牢固树立新发展理念,服务建设现代化经济体系和实现更高质量更充分就业需要,对接科技发展趋势和市场需求,完善职业教育和培训体系,优化学校、专业布局,深化办学体制改革和育人机制改革。"本书紧扣国家职业教育发展理念,把提升职教科技园服务株洲市经济社会发展能力作为主要研究对象,对湖南(株洲)职业教育科技园服务区域经济社会发展的现状、存在的问题进行了深入的探讨,给出了提升湖南(株洲)职业教育科技园服务区域经济社会发展能力的对策和建议,希望能对政府主管部门、湖南(株洲)职业教育科技园以及各入驻院校更好地服务区域经济社会发展提供有益的借鉴。

本书在写作过程中,得到杨胜跃、董小平、向平、刘海兵、周文杰、罗春风、谭伟生、张莉、龚守仁、戴联华、彭举、陈彬、何颖、刘宝磊、吕冬梅、戴开勋、张芬香、陈光臻、瞿莉莉等同志的大力支持,在此一并表示感谢!由于本书写作时间紧、任务重,加上作者水平有限,本书相关观点仍有值得商榷之处,衷心期望专家、同行和读者批评指正,本人将不胜感激。

刘剑飞

2019 年 6 月

目 录
CONTENTS

第一章

绪论

一、问题的提出

（一）研究的背景

近年来，随着我国经济发展方式转变和产业优化升级步伐的加快，国家对职业教育的发展越来越重视，对职业教育的发展提出了新的工作要求，出台了新的政策措施。

从国家层面来看，党的十九大报告提出"优先发展教育事业、加快发展职业教育和继续教育"，为职业教育的发展指明了新的方向、提出了新的要求。《国务院办公厅关于深化产教融合的若干意见》(国办发〔2017〕95 号)提出"构建教育和产业统筹融合发展格局、推进产教融合人才培养改革、完善政策支持体系"。《职业学校校企合作促进办法》(2018)明确了职业学校校企合作的目标原则、实施主体、合作形式、促进措施和监督检查等,建立了校企合作的基本制度框架。教育部在答记者问中提出:"遴选 10 个左右省份、100 个左右城市、1000 家左右示范职业学校(职教集团)和企业开展产教融合建设试点。"2018 年,全国职业教育与继续教育工作视频会议在北京召开。会议提出:"完善职业教育和培训体系,坚定办好中等职业教育,推进高等职业教育高质量发展;打好职业教育提质升级攻坚战,完善德技并修、工学结合的育人机制;深化产教融合、校企合作,办好新时代职业教育与继续教育"等新要求。

当前,湖南省区域经济转型升级对职业教育的创新和发展提出了新的要求,要求职业教育要为区域经济社会发展培养大量技术技能型创新人才。湖南省为贯彻落实《中国制造 2025》,加快建设制造强省,制定了《湖南省贯彻〈中国制造 2025〉建设制造强省五年行动计划(2016—2020 年)》,提出了"聚焦 12 个重点产业加快发展,工业运行质量进一步提高"的要求:先进轨道交通装备、工程机械、新材料等领先优势产业不断做大做强,新一代信息技术、新能源汽车技术、航空航天技术、医疗器械、电力装备制造、生物和医药技术、节能环保技术等具有比较优势的产业要不断加快发展,高档数控机床和机器人、海洋工程装备及高技术船舶、农业机械等潜在优势产业不断培育壮大,形成一批产业竞争高地和新的增长点,进一步构建多点支撑、多极发展产业格局,为建设制造强省创造良好开局。到 2020 年,12 个重点产业主营业务收入年均增长 12% 左右,带动支撑全省工业经济平稳健康发展;工业经济运行质量保持全国前列;制造业质量竞争力指数达 85,增加值率高于全国平均水平,全员劳动生产率增速达 8%。该计划还提出了制造业创新能力、智能制造、绿色制造、中小企业"专精特新"发展、"制造＋互联网＋服务"、高端装备创新、工业强基等7项专项工程的具体落实产业发展政策，以及标志性产业基地、标志性领军企业、标志性产业集群、标志性品牌产品等4大标志性工程。同时，该计划提出了完善以企业为主体、市场为导向、政用产学研相结合的制造业创新体系的促进措施：一是积极创建国家制造业创新中心，加大区域、地方、企业等多层次创新中心建设。加快国家级和省级企业技术中心、工程（技术）研究中心、重点实验室等创新平台的发展，鼓励省级中心创建国家技术创新示范企业。鼓励有条件的企业在境外通过新建、入股、并购等方式建立研发机构和技术中心。到2020年，培育建成100家国家级企业技术中心、技术创新示范企业，600家省级企业技术中心。二是促进协同创新，深化高校（院、所）产学研合作，围绕制造业关键领域，支持高校、科研机构联合企业共同承担国家各类重大科技计划和产业化专项。发挥行业骨干企业的主导作用和高等院校、科研院所基础作用，推进产业创新联盟建设和博士后科研工作站建设，开展产学研用协同创新。三是推进公共服务平台建设。建设一批促进制造业协同创新的公共服务平台，力争建成国家中部技术产权交易平台。规范相关服务标准，提高技术研发、检验检测、技术评价、技术交易、质量认证、人才培训等专业化服务水平，建立重点制造领域数据库，为企业提供创新知识和工程数据的开放式共享服务平台。同时，长株潭国家级自主创新示范区落地，职业教育培训需求大。（2014年12月，国务院批复设立长株潭国家自主创新示范区，是全国第六个国家级自主创新示范区。）株洲市委市政府规划用十年时间将长株潭高新区建设成在国际上具有重要影响力、国内一流的高新技术产业、企业集聚区和在国内具有领先水平的技术创新中心，这一工作的开展对职业技术技能人才的需求提出了更高的要求。

对株洲市来讲，全力打造"一谷三区"（见图1-1），建设株洲中国动力谷，就是站在落实"中国制造2025"、加快建设制造强市的战略高度，按照集群发展的思路，充分发挥轨道交通、航空、汽车三大产业优势，打造先进制造业的研发、生产、孵化的产业集聚区，形成推动株洲转型升级的强大引擎。"一谷三区"的建设和发展，技术技能型人才的储备与培养是关键。从这些发展规划和措施来看，制造业要实现向智能化、服务化、绿色化升级，人才是其中重要的一环，特别是技术技能型创新人才。

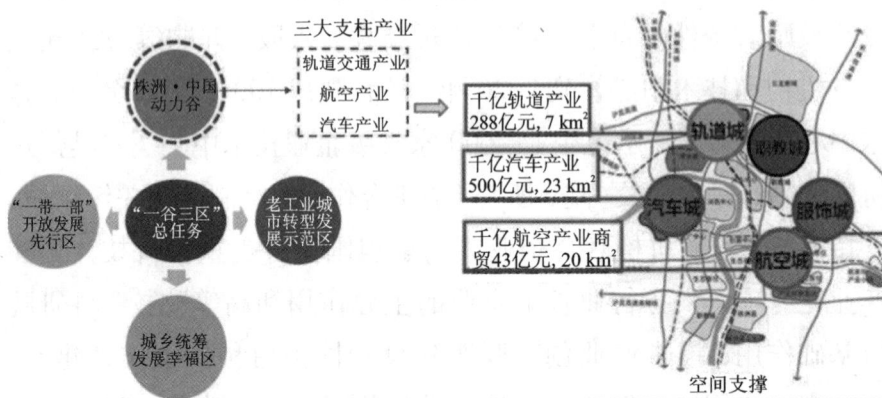

图1-1　株洲"一谷三区"建设与相关产业配套图

职业院校承担着为国家培养技术技能型人才的使命。因此，株洲市委市政府高度重视职业教育，对湖南（株洲）职业教育科技园的发展提出了新要求。2018年9月9日，市委书记、市人大常委会主任毛腾飞主持召开会议，专题研究湖南（株洲）职教科技园（简称职教科技园）发展问题，要求围绕"工匠摇篮、两型典范、发展引擎"的目标，全力将职教科技园打造成培养大国工匠的摇篮、资源共建共享的典范、株洲发展的重要引擎，以及在全国具有重要影响的一流职教城，并积极申报国家职业教育综合改革创新试验区。关于职教科技园的发展，株洲市委市政府提出了加快完善职教城的顶层设计、加快推进各职业院校建设、加快增强园区功能、加快提升办学层次和加快形成职教品牌等 5 项要求，以及全面对接"一谷三区"建设，为打造"株洲·中国动力谷"提供产业技术人才支持，建设"株洲·中国动力谷"人才智谷、中国动力技术人才教育高地等新的战略定位。要求职教科技园横向拓展教育培训、创新转化、现代服务，引导职教科技园由"职教科技园"走向"职教城""科创城""宜居城""服务城"。

(二)问题的提出

按照《株洲产业振兴行动计划》的要求：未来，株洲要形成轨道交通装备制造产业、汽车及其零部件制造产业、航空航天产业、服饰服装产业和陶瓷产业等五大千亿产业群，形成新型材料、新型能源(风力发电)、电子信息技术、健康食品及医药等四大新兴产业，加快发展生产性服务业，即"541 计划"。株洲产业发展为职教科技园的发展提供了机遇，同时也面临着挑战。

1. 株洲五大千亿产业群发展基本情况

株洲的轨道交通装备制造产业已成为集设计、制造、营销于一体的协调发展的产业集群，特别是在机车、车辆、高铁等方面处于世界领先水平，是我国最大的轨道交通装备制造产业生产基地。目前，株洲拥有轨道交通方面的国家级重点实验室和国家级工程中心 2 个，拥有轨道交通领域中国工程院院士 2 名。其主导产品技术水平已处于国内领先，达到国际先进或领先水平，处于全球产业链、价值链中的中高端环节。株洲轨道交通装备制造产业以建设"中国动力谷"为契机，按照"产业高端化、产品系列化、配套本土化、市场全球化"的原则，充分发挥轨道交通装备制造产业研发、人才、技术和品牌优势，通过"项目建设、园区拓展、企业培育、技术创新"4 大行动，打造轨道交通装备制造千亿产业集群，建成世界一流水平的轨道交通科技城。围绕株洲市建设相关领域创新工程，增强轨道交通装备制造领域的关键核心技术创新能力，打造国内外领先的动车、电力机车整机制造及其配套的产业集群；开发中低速磁悬浮、储能式电力牵引轻轨车辆新兴业务；实现变流技术、控制技术、传动技术"同心多元"发展；拓展轨道交通衍生产业、路轨产业、工程项目高端服务业，打造全产业价值链核心竞争力，促进轨道交通装备制造向创造转型升级。

　　航空航天产业发展方面，株洲在中小型航空发动机和燃气轮机、航空动力机械传动等领域居国内领先地位，是我国中小型航空发动机领域的主要研发、制造基地。株洲中小型航空发动机创新体系较为完备，建立了全国首家通用航空发动机技术创新联盟，拥有尹泽勇院士领衔的6000多名航空发动机产业技术研究与开发人员。近年来，株洲航空产业发展不断取得新突破，创新生产体系不断完善，小型商用直升机整机制造及其配套产业不断积聚，株洲市规划建设的通用航空城面积达到57.6平方千米，设施先进，为航空发动机产业的发展起到了重要的推动作用。山河科技、北航、罗特威等一批国内外知名航空企业整机制造项目及其配套产业项目相继落户株洲通用航空城。随着我国低空空域的逐步开放，预计未来30年，中国可能成长为全球最大的航空市场和中小型私人飞机市场。到2020年国内通用航空市场整机需求量约10000架，航空产业总产值达到约15000亿元。国家将实施航空发动机和燃气轮机重大专项，株洲已通过技术评估。株洲航空产业发展的总体思路为"一体两翼两结合"。"一体"为通用航空领域的整机制造，"两翼"为中小型航空发动机及其关键零部件生产和通用航空运营两个方面，"两结合"就是指军民、中外结合。抢抓国家低空空域改革的重大战略机遇和株洲建设"中国动力谷"的有利时机，按照"创新引领、整机突破、配套先行、协同发展"的原则，着力攻克中小型航空发动机关键技术，高起点引进和自主研发通用航空器，完善通用航空基础及配套设施，培育壮大通用航空运营和服务业,实现通用航空装备制造、通用航空运营服务、基础配套建设等协同发展,打造通用航空产业千亿产业集群,建成全国一流水平的通用航空城,形成较为完备的"航空发动机 + 通用飞机整机制造 + 通航运营 + 配套产业 + 衍生产业"的航空产业链。株洲航空产业的重点发展方向:一是发展通用航空发动机研发与制造,包括大飞机、中型客机、支线客机、直升机、无人机及其他航空器的发动机研发与制造,为全国乃至全球市场提供先进的发动机技术和产品。二是开展国内外主流发动机的维修和售后服务业务。三是加强已有航空领域各类企业产品的研制能力,加大通用航空整机制造项目的引进,鼓励各类企业开展多品牌、多系列的整机研制工作。四是凭借株洲通用机场紧邻城区的区位优势,充分发挥城市机场的功能,开展公务飞行、私人飞行、飞行培训、航空作业等运营业务,将运营与制造并重发展,充分发挥运营业的带动作用,带动制造业、服务业和航空衍生产业整体协调发展。

株洲服饰服装产业经过 30 多年的发展,已经形成以芦淞服装市场为核心,以市区和湘渌区女裤设计与加工、醴陵船湾各类职业套装设计和服装生产、茶陵和炎陵纺织材料生产为支撑的集成式服装产业发展格局。

目前,芦淞服装市场是整个中南地区最大的服装市场群和服装物流中心,拥有男裤、女裤、内衣等各类服装专业市场 40 个,集聚了国内外知名服装品牌 4000 多家,服装销售辐射到全国 20 多个省、自治区和直辖市,以及下属的 230 多个县(市、区),共计一定规模以上销售网点约 15 万个,年成交总额超过 500 亿元,并先后荣获"中南服装市场第一街""中国十大服装批发市场""中国品牌市场""中国服饰名城""中国服装品牌孵化基地""中国女裤名城"等殊荣。全市女裤加工企业 4000 余家,从业人员 10 万余人,女裤年生产能力 3 亿多条。醴陵船湾镇荣获"中国职业服装名镇"称号,现有企业 100 多家,从业人员 5000 余人,年生产能力

150万件(套)。茶陵、炎陵纺织材料生产基地被认定为"湖南省第一批承接产业转移纺织行业特色基地",现有企业20多家,从业人员4000余人,年产能30万锭。全国服装消费量的不断攀升,国家纺织工业调整和振兴规划的颁布,服饰产业由沿海向内地转移的明显趋势,以及服饰网购市场规模的迅猛发展,都预示着中国服装业将迎来一次产业升级。而株洲素有"南北通衢"之称,有着得天独厚的区位优势,加上良好的服饰商贸和加工配套基础,其服饰服装产业必将迎来新的飞跃。产业转型升级为主线,市场提升为基础,坚持双轮驱动,加快市场和园区建设,以产业配套为依托,坚持服饰商贸流通与生产加工互动发展,重点突出品牌塑造和产业平台搭建,打造集研发设计、生产加工、仓储物流、品牌推广、展示销售、电子商务等于一体的服饰产业链。重点建设和壮大总部经济区、商贸中心和生产基地。扩大实体商贸规模,完善仓储物流配套,创新营销模式。提升并扩大芦淞服装市场群,拓展新市场群,同时大力发展电商,打造商贸中心。以芦淞服装市场群为基础,发挥女裤生产优势,完善布辅等原材料商贸交易,加速产业集聚,推进职业服饰升级,提升原辅料生产水平,推广芦淞服饰区域品牌,打造高端服饰自主品牌,形成"以芦淞服装市场和芦淞服装国际博览交易中心为主体,以新芦淞国际服饰产业园、醴陵船湾职业服装产业园为生产支撑,以茶陵、炎陵纺织材料生产基地为支撑"的大服饰产业发展格局。

株洲汽车及其零售部件制造产业起步较早。1937年,中国汽车制造总厂就落户株洲。目前,株洲拥有整车生产企业2家(北京汽车股份有限公司株洲分公司、中车时代电动汽车股份有限公司),汽车零部件生产加工企业50多家,使株洲在电动汽车传动系统、汽车齿轮、火花塞等关键零部件生产加工在国内占有重要地位。当前,株洲汽车及其零部件制造产业正面临前所未有的发展机遇:一是国家产业结构调整升级给汽车产业发展带来新的机遇；二是汽车消费升级拓展了市场空间；三是株洲及周边地区目前已经聚集了11家汽车企业，已经成长为国内第六大汽车产业集聚地；四是长株潭获批国家新能源汽车推广应用城市。以"突出重点、整车带动、完善链条、拓展市场"为原则，按照做强龙头、集聚配套、引导辐射、专业服务齐头并进的策略，扩大现有整车制造企业产能，加快中高端车型研发生产，健全完善汽车零部件配套体系，加强汽车文化及服务配套。以获批第一批新能源汽车推广应用城市为契机，重点发展新能源汽车，到2020年，把株洲打造成为汽车主导产品完备、配套齐全、文化特色明显的汽车城。按照"54321"的布局，积极引进和发展经济型轿车、新能源大巴车、纯电动乘用车、重卡、专用特种汽车五大类产品；着力建设汽车整车、零部件、现代服务业、文化展示四大体系；形成高新区整车制造以及零部件设计生产基地、湘渌区汽车零部件基地、芦淞区南方宇航专用车生产基地等三大汽车整车设计和生产基地、醴陵市和攸县专业特色汽配园两大特色园区，以及天元区汽车博览园一个物流文化展示区。

株洲陶瓷产业发展历史悠久，醴陵是国内日用陶瓷和电瓷的主要设计、生产和加工出口基地。近年，通过承接外地陶瓷产业转移，株洲县、炎陵县、茶陵县、攸县的陶瓷产业已形成一定规模。目前，株洲陶瓷产业体系比较完善，产品涵盖了日用陶瓷、电瓷、工业陶瓷、艺术陶瓷、建筑陶瓷等五大系列4000多个品种。2013年，株洲拥有陶瓷企业526家，完成工业总产值433亿元；拥有4个国家地理标志商标、9个中国驰名商标和19个湖南省著名商标或名牌产品，1个中国出口名牌产品；拥有1家国家级企业技术中心，7家省级企业技术中心，6个技术创新平台；拥有14位国家级大师、一大批省级大师和工程技术人员。发展机遇方面，一是湖南被国家定位为"一带一部"核心区位，醴陵作为湖南东大门区位优势明显；二是发达国家和东部地区陶瓷产业向中西部地区转移；三是陶瓷新材料在国防、医药、冶炼、化工、电子信息、机械装备等领域的推广为产业升级提供更广阔的发展空间。以"强化优势，优化结构，提升品牌，集群发展"为原则，通过提升技术装备水平、加大新产品开发力度，实现由以传统陶瓷产品为主到以高新技术陶瓷产品为主的转变；通过营造发展环境、引导市场开拓、丰富陶瓷文化，提升"醴陵陶瓷"地理品牌影响力；通过鼓励兼并重组、培育龙头企业、完善配套企业，推动陶瓷产业由企业集聚向产业集群发展。到 2017 年，将株洲建成具有国际影响力、国内领先的"现代化瓷都"。

2. 株洲五大千亿产业群发展面临的问题

轨道交通千亿产业群发展存在问题：全市轨道交通装备制造行业面临着行业竞争激烈与重复投资、利润空间受到挤压、国际化战略将面对跨国公司和贸易保护双重挑战、园区承载能力弱、主机配套率低。

航空千亿产业群发展存在问题：一是国家低空空域开放时间点尚未确定，客观上制约了当前株洲航空产业规模化发展；二是株洲航空产业结构不尽合理，产业外向度不高，长期偏重于军用中小型航空发动机制造，军转民步伐缓慢，自主开发的民用产品比重小，市场竞争力不强；三是株洲航空产业链不完善，缺乏知名的整机制造企业，航空零部件的本地配套能力较弱；四是株洲通用航空城基础设施建设有待完善，园区的承载能力受到一定限制。

服饰千亿产业群发展存在问题：一是尚未形成完整的产业链；二是资源整合、产业协作不够；三是"大市场、小生产"，以商贸流通为主，无企业总部，缺少品牌支撑，区域影响力不够；四是激活服饰产业的相关要素和平台不完善。

汽车千亿产业群发展存在问题：整车企业少，制造规模不大，高端产品缺乏，产业带动能力弱；零部件本地配套率不高，核心零部件本地化有待加强，产业链需进一步完善；产业配套服务能力不强，产业布局区域特色不明显；新能源汽车研发创新水平不高。

陶瓷千亿产业群发展存在问题：产业结构不完善，高新技术陶瓷装备产业、陶瓷衍生产业发展不够；龙头企业缺乏，专业化协作配套程度不高；企业生产自动化程度较低；品牌和市场建设偏弱；自主创新不够；人才队伍建设有待加强；公共服务体系尚未健全。

3.株洲五大千亿产业群发展的方向

轨道交通千亿产业群发展方向：围绕实施"先进轨道交通装备及关键零部件创新发展工程"，加强轨道交通装备制造产业关键核心技术攻关，打造国内外领先的干线电力机车、动车组、城市轨道车辆整车制造及其配套的关键核心零部件产业；开发中低速磁悬浮、储能式电力牵引轻轨车辆新兴业务；实现变流技术、控制技术、传动技术"同心多元"发展；拓展轨道交通衍生产业、路轨产业、工程项目高端服务业，打造全产业价值链核心竞争力，促进轨道交通装备制造向创造转型升级。

航空千亿产业群发展方向：一是发展通航发动机研制，包括无人机、通用飞机、公务机、支线客机和直升机的发动机研制，为全国乃至全球市场提供先进的发动机技术和产品。二是开展国内外主流发动机的维修和售后服务业务。三是加大现有整机制造企业的产品研发和制造能力建设，加大整机制造项目的引进力度，逐步开展多品牌、多系列的通用飞机整机研发和制造业务。四是凭借株洲通用机场紧邻城区的区位优势，充分发挥城市机场的功能，开展公务飞行、私人飞行、飞行培训、航空作业等运营业务，将运营与制造并重发展，充分发挥运营业的带动作用，带动制造业、服务业和航空衍生产业整体协调发展。

服饰千亿产业群发展方向：重点建设和壮大总部经济区、商贸中心和生产基地；扩大实体商贸规模，完善仓储物流配套，创新营销模式；提升并扩大芦淞市场群，拓展新市场群，同时大力发展电商，打造商贸中心；以芦淞市场群为基础，发挥女裤生产优势，完善布辅等原材料商贸交易，加速产业集聚，推进职业服饰升级，提升原辅料生产水平，推广芦淞服饰区域品牌，打造高端服饰自主品牌，形成"以芦淞服饰市场群和芦淞服饰国际博览交易中心为商贸主体，以新芦淞国际服饰产业园和醴陵船湾职业服饰产业园为生产支撑，以茶陵、炎陵纺织材料生产中心为原辅料基地"的大服饰产业格局。

汽车千亿产业群发展方向：按照"54321"的布局，积极引进和发展经济型轿车、新能源大巴车、纯电动乘用车、重卡、专用特种汽车五大类产品；着力建设汽车整车、零部件、现代服务业、文化展示四大体系；形成三大生产基地（高新区整车制造和核心零部件生产基地、株洲县南洲新区汽车零部件基地、芦淞区南方宇航专用车生产基地）、两大特色园区（醴陵、攸县专业特色汽配园）和一个物流文化展示区（天元区汽车博览园）。

陶瓷千亿产业群发展方向：一是突出优势陶瓷产业。日用陶瓷高端化，突出做精、创新和升级，发展高性价比日用瓷；电瓷电器智能化，根据"特高压、智能化"电网新要求，发展高电压等级电瓷电器，开发智能化配电产品；艺术陶瓷精细化，融合文化创意产业，设计特色鲜明、文化底蕴深厚的工艺陶瓷，推动釉下五彩陶瓷的发展；建筑陶瓷规模化，依托本地资源优势，引进大型建筑陶瓷企业，促进建筑陶瓷企业向规模化发展。二是发展高新技术陶瓷，高新技术陶瓷尖端化。引进和研发结构陶瓷、功能陶瓷等高新技术陶瓷，促进与我市航空、汽车、轨道交通等产业融合发展。三是完善配套陶瓷产业，装备现代化。加大微波、3D打印、工业机器人等先进技术在陶瓷领域中的应用；引进先进陶瓷成套装备和技术，加大传统企业装备升级改造力度，提升企业生产自动化水平，促进陶瓷工艺向低碳化、规范化、标准化方向发展；促进原材料标准化，引导泥釉、模具、机械、装饰材料等企业组建陶瓷原辅材料供应系统，实现原辅材料生产本地化、专业化、标准化。四是搭建陶瓷服务平台，服务专业化。加强服务平台建设，提升金融、市场、信息、创新、人才等方面服务水平；大力发展陶瓷旅游、文化、工程服务等衍生产业。

株洲职教科技园以服务株洲产业发展和转型升级为己任，围绕"工匠摇篮、两型典范、发展引擎"的战略定位，努力为株洲产业发展培养大量高端技术技能型创新人才，为株洲产业发展提供技术创新平台，为株洲产业发展提供现代化服务，提出打造成为全国具有重要影响的一流职教城的发展目标，以做好教育培训、创新转化、现代服务三大主业为主要措施，引导职业教育科技园由"职教科技园"走向"职教城""科创城""宜居城""服务城"。

二、研究的目的和意义

（一）研究的目的

株洲职教科技园作为株洲职业教育的一张名片，为株洲市经济社会发展提供了智力支持和人才保障。但是，职教科技园相关院校在专业设置、课程设置、人才培养模式、职工培训、农业劳动力转移培训、科技创新与成果转化、院校之间资源共享等方面还存在一些问题，对株洲经济社会发展的服务功能发挥还不够到位。为了解决上述问题，笔者组织科研团队，分三步开展研究工作：首先了解职教科技园服务区域经济社会发展的现状和不足；其次通过对全国典型职教科技园服务区域经济社会发展情况的调研和数据分析，找到影响职教科技园服务区域经济社会发展能力的主要影响因素，为提出提升职教科技园服务株洲经济社会发展能力的对策和建议提供科学依据；最后根据前面的分析和对比，给出提升职教科技园服务株洲经济社会发展能力的对策和建议。本研究的主要目的是：为提升株洲职教科技园优质资源整合水平、提升职教科技园区各职业院校对接株洲经济社会和产业企业发展需求的紧密度、提升职教科技园服务株洲经济社会发展的总体能力，提供对策和建议。

(二)研究的意义

职业教育的发展为国家和区域经济社会发展提供高素质技术技能型人才，是"大国工匠"成长的摇篮和沃土。在国家和株洲区域经济发展方式转变、产业转型升级的大背景下，研究职教科技园对株洲经济社会发展能力的提升作用，既具有理论意义，又具有实践意义。

从理论上来讲，本研究综合运用人力资本理论、教育经济理论、区域经济理论、发展经济学理论、产业发展理论对株洲职教科技园服务株洲区域经济社会发展能力提升的路径和模式创新进行研究，相对于大范围、泛泛而谈地研究职业教育对经济社会发展的影响，显得更加具体和有针对性。同时，株洲职教科技园入园院校包括高职院校、技师学院、高专学校、中职院校，它们分别对应不同层次和类别的职业技能人才，本研究把这些院校纳入职教科技园整体来研究。探索不同层次、不同类别职业院校根据人才培养层次、专业设置类别、职教优质资源共享等方面协同服务株洲区域经济社会发展需求，在理论上具有一定的创新意义。

从实践上来讲，国家越来越重视职业教育本身的发展以及职业教育发展对经济社会发展的重要意义。2019年，国家提出高职院校扩招100万的政策，2020年又提出今后两年完成高职院校扩招200万人的任务；对高职院校的办学能力、招生方式、办学模式、教育教学、职业教育立交桥的建立、质量提升等都提出了新的要求，明确提出职业教育是一种类型教育，将打通职业教育学历层次，提升职业教育的学历含金量。本研究不仅对株洲职教科技园内高职院校、技师学院、高专学校、中职学校之间协同服务株洲经济社会发展有积极的促进作用，在探索开展本科及更高层次职业教育、建立中高职联通立交桥、职业教育优质资源共享、创新职业教育高考和招生新模式等方面，也具有一定的实践意义。

三、研究内容、框架、方法和创新之处

（一）研究内容和框架

本研究主要包括六部分。

第一部分为绪论部分，主要内容包括研究的背景、问题的提出；研究的目的和意义；研究内容、框架、方法和创新之处；国内外研究现状和评述；相关概念界定等内容。

第二部分是职教科技园发展现状与存在问题研究，主要内容包括株洲职教科技园建设的背景、株洲职教科技园的发展定位、株洲职教科技园的建设现状、株洲职教科技园的运行和管理现状、株洲职教科技园各院校基本情况、株洲职教科技园资源整合现状、株洲职教科技园发展经验和存在的问题等内容。

第三部分是职教科技园服务株洲经济社会发展现状分析，主要内容包括株洲职教科技园各院校技术技能人才培养情况、株洲职教科技园各院校技术技能人才培训情况、株洲职教科技园科技创新成果及转化情况、株洲职教科技园各院校各类课题研究情况、株洲职教科技园各院校职业技能鉴定情况、株洲职教科技园各院校专业对接产业情况、株洲职教科技园各院校产教融合发展情况、

株洲职教科技园服务经济社会发展的成功经验和存在的问题等内容。

第四部分为职教科技园服务区域经济社会发展典型案例分析，主要内容是在国内选择若干典型职教科技园，对它们的建设融资模式、建设现状、园区入驻院校情况、园区运营管理现状、园区服务区域经济社会发展能力分析以及对提升株洲职教科技园服务区域经济社会发展能力的启示等内容。

第五部分是提升职教科技园服务株洲市经济社会发展能力的对策和建议，主要内容包括改进职教科技园管理体制，优化运营机制，提升职教科技园管理办公室的决策和政策执行能力；深度融入职教科技园各院校办学，提升株洲国投教育投资有限公司（简称株洲教投公司）服务职教科技园和园区各院校发展的能力；打造优质资源整合平台，提升园区各院校资源利用水平；打造园区多功能服务平台，提升职教科技园服务各院校发展的能力；建立校际统筹办学联席会议制度，协调园区各院校办学行为等内容。

第六部分是研究总结与展望，首先对全书的研究内容进行总结，其次是探讨本书的研究局限和需要继续研究的问题，最后是对株洲职教科技园服务区域经济社会发展问题的展望。

（二）研究方法

1. 文献分析法

本研究首先对有关职教科技园促进区域经济社会发展能力提升方面的文献进行梳理、归纳和分析，了解国内外相关研究进展，以此为借鉴开展本课题的研究。

2. 调研分析法

通过对全国典型职教科技园服务区域经济社会发展情况的调研，了解在全国有代表性的职教科技园服务区域经济社会发展的途径、模式和方法，为提升株洲职教科技园服务区域经济社会发展能力提供有益的借鉴。

3. 比较分析法

通过比较全国典型职教科技园服务区域经济社会发展的路径、模式和方法，根据株洲职教科技园和株洲经济社会发展的实际需求，分析株洲职教科技园服务区域经济社会发展能力的优势和不足，为提升株洲职教科技园服务区域经济社会发展能力提供参考。

4. 案例分析法

以全国知名职教科技园为案例，分析其服务区域经济社会发展能力的优势，总结其不足之处，为提升株洲职教科技园服务区域经济社会发展能力提供标准。

5. 数据统计分析法

以调研所得数据为基础建立计量模型，分析影响职教科技园服务区域经济社会发展能力的因素；以模型分析为基础，找出主要影响因素进行优化，为提升株洲职教科技园服务区域经济社会发展能力建立科学的数据基础。

(三)创新之处

本研究的主要创新点有以下四点：

第一，本研究全面分析职教科技园对株洲发展的重要和潜在影响，将职教科技园区增长极作用与株洲城市空间扩张和优化升级结合起来，提出职教科技园的建设是知识经济时代株洲新型城镇化和城乡融合发展的重要途径。

第二，本研究对职教科技园与株洲市社会经济发展的关系做开创性论述，提出职教科技园通过直接影响人才培养、科技创新与成果转化、生态与人文环境改善、文化品位提升、学习型与包容性社会建设、城市品牌提升等方面来为株洲经济社会发展服务。

第三，本研究充分利用理论研究与具体实践相结合，提出提升职教科技园更好地服务株洲经济社会发展的对策和建议，对现实具有一定的指导意义。

第四，就研究方法的创新性而言，本研究从职教科技园促进株洲市经济社会发展的理论定性研究着手，通过文献分析方法、数据统计分析方法、调研分析方法、案例分析方法和比较分析法等研究方法对职教科技园促进株洲经济社会发展进行综合探讨。这是运用管理学、经济学、职业教育学、社会学对职教科技园促进株洲经济社会发展进行科学分析的过程，也是一种创新。

四、国内外研究现状和评述

（一）国内研究现状

江钰媛、王婷（2015）通过对蚌埠大学城及当地经济社会发展的实地调研，讨论了大学城建设对拓展消费市场、优化产业结构、拉动就业等方面的促进作用，也发现蚌埠大学城建设中存在资源共享不到位、资金来源单一等问题，并提出相应对策。任蕾（2015）认为职教科技园对当地经济社会发展的促进作用主要体现在以下三方面：一是优化地区发展的空间结构，二是带动当地经济社会发展，三是优化教育和城市资源配置。刘铮、王世福、莫浙娟（2016）通过对比利时新鲁汶大学城的研究发现，与比利时新鲁汶大学城相比，中国的大学城在总体规划设计、资源共享、与社区的融合度等方面存在差距。高进（2018）认为，一座城市的发展离不开整体竞争实力的提升，而教育的发展是城市整体竞争实力不可或缺的一部分。对于拥有高等教育集群效应的城市来说，大学城的建设与发展对区域经济的发展具有十分重要的作用。如何利用好高等教育的人才优势，如何更好地利用教育带动城市发展，是很多城市面临的问题。杨安琪、孟娇(2018)、班弘毅、蒋明洪、尚晋等(2017)认为，大学城是由于高校的相对聚集而形成的集教育、文化、娱乐于一体的现代化城镇模式。他们以国内比较著名的几座大学城的发展为例，通过全面客砚的调查数据分析证明，各地大学城的建设和发展推动了区域城镇化发展的进程，优化了城镇的空间发展结构，改善了城镇的交通基础设施，促进了区域的可持续发展。郝秋实(2018)认为，职业教育的专业特色和教学模式决定了它是一种与产业发展密不可分的教育形式。区域产业发展促进相关职业教育专业的更新换代，期望为学生提供更加良好的实践平台。职教科技园各类资源在空间和时间上的配置方式，决定着职教科技园的基本建设成本、教育教学的效果、学生参与社会实践的便利性及职教科技园所在区域空间的使用效率。肖柿松(2004)通过总结国外发达国家大学城的发展经验，从五个方面分析了大学城的集成效应。项振海(2017)基于可持续发展的理念下，对大学城建设和城市发展进行了研究，分析了我国大学城建设的现状并提出大学城建设最明显的优势就是有利于推动城市化进程。陈芬通过对城市边缘区大学城建设与城市发展关系进行研究，提出了促进城市边缘区大学城建设与城市发展的良性互动模式。李薇通过对2003年至2008年相关文献的回溯，对大学城建设和区域城市化关系已有研究作了整体评述，提出了大学城建设要与城市的发展相契合。谭伟针对我国大学城建设的现状和对当地城市化进程的影响，以重庆大学为例，提出了大学城建设要有效地促进城市化进程，必须与城市战略发展相协调。冷卫兵(2014)以深圳大学城建设为例，从不同层面研究分析深圳大学城建设对西丽片区房地产市场的影响，进而得出如何规划建设大学城才会对城市发展起到作用。郑晓齐在《高校科技创新与区域经济发展》中，以北京地区高校科技活动为研究对象，全面考察了高校科技工作能力和发展水平及在北京地区科研系统中所处的地位和作用，并对北京高校科技活动对经济发展的影响进行了统计与定量分析，表明高校科技活动有效地促进了区域的经济发展。赵旭在《都市圈产业生态聚集模式》中，提出了都市圈产业生态聚集的三种新型模式——基于创新产业的聚集、基于技术创新的聚集、基于制度创新的聚集，并提出都市圈产业生态聚集的新型模式，有效地促进了城市产业的转型。

综上所述，国内学者对职教科技园服务区域经济社会发展的研究，主要从促进周边消费、提升周边基础设施建设、加快城乡融合发展、优化职教资源配置、提供人才支撑等方面进行，在研究中主要侧重某一个方面，对全面提升职教科技园服务区域经济社会发展能力的研究成果比较少。本研究将综合利用集聚和扩散理论、增长极理论、人力资本理论、职业教育理论等相关理论，全面研究职教科技园服务株洲经济社会发展能力提升的路径、方法、内容和绩效。

(二)国外研究现状

Blake Gumprecht(2003)在针对大学城的研究中，以美国和英国的大学城作为典型研究对象。他指出两国拥有的大学城数量都很多，单单美国就有 58 个大学城，但与其他国家高等院校分布在大都市不同，美国的高等院校主要建在位于城市周围的小镇。这些位于小镇的大学城一般就是一个独立的城市社区，社区内的本地居民人数可能还没有各大学师生的总人数多。由于师生来自四面八方，所以大学城所在社区的人口流动很大。Courtn. Roman, Madison(2011)认为大学城对社区的最大影响是文化方面。大学城是相对独立的文化社区，每个大学城都与别的大学城有着明显的不同之处，其拥有的独特文化色彩可以很清晰地区别于普通的城镇。大学城内主要的大学会影响整座城市的文化，但是又由于在同一地区集中聚集了多所不同文化的大学而使得城市形成了多元的文化。Blake Gumprecht（2006）认为大学城是大学或学院及其创造的文化对当地特色起到主流影响作用的城镇或城市，开放、共享是大学城最鲜明的特色。大学城内的高校可充分利用开放空间所提供的便利，实现体育场馆共享、课程互选、学分互认等，同时，社区或城镇内的居民也可使用体育设施、文化场所、书店等各类教学资源。国外的大学城其实是一个开放的学习场所。Patter和 Franklin Kessel（1974）在《联盟中的大学》和《大学联盟体和校际合作》中，较为详细地介绍了美国大学联盟的发展历史和现状。这两本著作结合美国高校联盟的具体案例，分别从高校联盟合作的内容、管理方式及其益处和缺陷等方面对美国高校联盟进行了详细地梳理。Beerkens（2006）认为，高校联盟是高校之间实现优势互补的一种松散结构的合作组织。James. Samels 和 James. Martin（2002）认为高校之间建立联盟拥有诸多优势，如在保证自身的办学目标和办学独立性不受影响的前提下，联盟成员可以在一定程度上巩固自身的基础设施；联盟成员可以实现并维持学术自由；资金来源的渠道可以增加；资源可以节约，成本会大幅缩减；将会有更多的教学和科研机会等。Kopp（1998）认为可通过藏书互借、文献传递、提供网络课程服务等实现教育教学资源的共享；随着联盟不断发展，联盟组织之间开始推行互认学分，充分实现课程资源的互动交流。大学城经济功能的发挥需要以社区经济为基础，社区经济的发展同时也会促进大学城经济功能的实现，而它们之间的互动只能作为大学城经济圈形成的一个部分。相关研究也指出大学城经济功能的实现与社区、科技园区以及工业园区的互动也是必需的，因此研究各个园区之间的互动也是促进大学城经济功能实现的重要途径。Courtn. Roman，Madison（2011）认为目前国外大学城与经济发展研究取得的进展表明，大学城在促进地方经济发展方面的作用是肯定的、明显的。

综上所述，在对国外大学城以及高校联盟研究的梳理中可以得出，在教学资源短缺无法满足自身发展的背景下，学校之间可以选择成立大学城或联盟合作的形式维持自身的发展。联盟并不是意味着合并，而是在保持独立性及保证自身目标的前提下，通过合作最大化地提高资源的利用率。同时，国外大学城对社区经济、区域经济发展都有较大影响，国外关于大学城服务区域经济社会发展能力的研究主要从服务社区经济社会发展的角度来讲，而对整个较大的市域经济社会发展促进作用的研究成果相对较少。

五、相关概念界定

（一）职教科技园与大学城

职教科技园在国内又叫职教科技园，是区别于传统的大学城而专门为职业院校的聚集发展、资源整合而打造的集职业教育、职业培训、科研创新和转化、优质职业教育资源共享、提升城市教育功能于一体的园区。在国外一般统称为大学城，国外大学城的建设模式多为自然生成型，因此国外对于大学城的定义一般都具有自然模式的特点，这些特点包括大学城数量多且规模大，大学城与社区关系密切并且多以研究型大学城为主；大学城内部可充分实现资源共享，优势互补；城市围绕大学城展开，城市的职能以教育、科研与社会服务为主等。如美国芝加哥大学 Edmund Gibert 教授对于大学城的定义是城市不断拓展的结果，是城市功能扩大化的结果。由此可以看出国外对于大学城的定义是与大学城自然形成的过程相一致的，并且与城市的发展密不可分。目前，我国对大学城概念的界定依然没有形成定论。由于我国大学城建设开始于 20 世纪 90 年代，起步虽晚但是发展很快，从总体上而言我国大学城的发展仍处在初级阶段。我国关于大学城的概念、特点、模式及功能的研究依然处于一种理论探索阶段。由于我国大学城的建设模式大都为主动构建型，因而我国对于大学城概念的界定会涉及政府的导向作用以及对经济社会发展的促进作用等方面的特点。厦门大学高等教育研究所潘懋元教授认为，大学城是以大学为主体，由企业投资，政府协调、指导，采取市场化运作、产业化经营、社会化服务模式的一种组织形式，是高等教育与社会经济协调发展的枢纽。通过分析国内外专家学者的研究可以看出对大学城的概念要根据不同的国情、不同的发展阶段及不同的研究对象进行有针对性的界定。本研究针对的是我国大学城经济功能的实现问题，侧重经济功能实现理论研究，因此笔者认为职教科技园与大学城概念既有区别又有联系。笔者认为大学城是在政府、高校、社会力量推动下把多所大学或者科研机构在某些地域集聚而形成的一种新型高等教育办学模式，以培养更多更高素质的人才、创造更多的科学技术成果为目的，对知识经济社会发展具有推动作用的一种新型组织形式。

（二）职教科技园的教育经济功能和经济功能

职教科技园教育经济功能指的是教育对受教育者经济收益的影响。职教科技园教育经济功能主要通过以下三种方式实现。一是通过培养受教育者的智力、劳动技能，实现劳动力再生产并提高劳动者生产能力，为社会培养合格的劳动者；二是通过传播职业技术和文化科学进而提升科学技术生产力；三是通过创造新的知识和技能技术，推动社会经济的增长。职业教育与经济发展的关系是相互作用、相互联系的。

职教科技园的经济功能是在职教科技园的自身结构或外部社

会经济结构的影响下所表现出来的作用和能力。这种作用和能力表现在两个方面，一个是由职教科技园内部结构决定的，表现为由职业院校的集聚而产生的规模经济效应、互动经济效应以及辐射经济效应等；另一种是由外部的社会经济结构决定的，首要表现是职教科技园从经济社会的边缘进入了经济社会发展的中心，成为经济社会发展的引擎之一，为经济社会的发展提供了技术技能人才、应用科技成果的研发和转化，尤其促进了区域经济的发展以及产学研一体化的发展等。

(三) 集聚效应

一般而言，集聚效应主要是由地域性经济和城市化经济形成的。众多优质的职业院校聚集在一定的范围，构建了一个知识和技能密集型的职教科技园。各职院学校的专业知识、技术人才以及应用科研项目等优良资源在一定程度上实现了共享。职教科技园以各职业院校的资源为基础，利用地域优势形成资源共享、集产学研用为一体、知识和技术技能高度集中的园区。这种资源的合理利用有效地提高了职教科技园的整体素质，通过对职教科技园的各职业院校的软件共享平台的利用，人才和技术得到了合理的整合与交流。这样避免了由于人才过于分散，而造成的机会成本过高，浪费信息搜索成本以及不必要的谈判成本，更加有效地实现信息与资源的完美结合，也有利于增加职业院校群体的自主创新意识，培养通力协作的团队意识，构建一个强大的技术知识储备库。由此可知，职教科技园包括了众多职业院校和科研机构以及具备先进科学技术产业的企业，其便利的条件和优秀的资源使得大部分人才、大量资金，以及成熟的科研技术和信息实现了空间和地域的汇集，在实现资源共享的同时，也会激发各职业院校间有益的竞争，进一步形成高新技术产业园区。

（四）职教科技园的外部正效应

由于生产者与消费群体在实施活动的过程中会直接影响着其他的生产者与消费群体，这也是外部正效应的直接体现。职教科技园的独特优势，在自身不断发展的同时，也会带动着城市和所在区域的发展。如大量的就业机会、高额的经济效益等都为城市和区域的经济发展起着推动作用，也对邻近乡村和周边区域带来诸多有利条件。社会生产力水平很大程度上是与科学技术成正比的。城市是先进科学技术和知识文化以及上层建筑的标志性产物之一。职教科技园作为先进技术和高素质群体汇集点，其成员的思想和理念潜移默化地影响着大众群体的思想和行为，同时不断地向邻近乡村普及，进一步使得村民的观念和行为发生变化，更利于发展农村的经济，改善农村的面貌，实现区域整体品位的提高。因数以十万计的师生形成的庞大消费市场会吸引各种投资，譬如教育消费投资（书店和考证培训班等）、生活消费投资、娱乐消费投资（网吧、KTV、水吧、茶庄等）。此外，职教科技园建设带来的外部正效应不仅限于一个区域范围，当其建设带给区域发展的正能量越强，外部正效应覆盖的区域范围也会逐步扩大，并影响更多的产业。

（五）职教科技园的投资乘数效应

职教科技园的投资乘数效应主要是针对由于职教科技园建设带来的投资变动来说的。由于投资变动直接影响着最终的收益，该种变动会造成几倍甚至几十倍的投资变动。职教科技园的投资乘数效应以产业相关区域为中心，加强对邻近区域的影响，从而更好地发挥引导、组织以及示范功能，争取在经济活动过程中实现由经济量变达到经济总的质变的良好效果。一个职教科技园的建设，需要大量的资金，规模一般在数十亿元到数百亿元之间。

一个职教科技园的作用并不是简单的教育作用，它对一个地区的职业教育和本地区的经济发展都有很大的促进作用。而且一个地区职业院校数量的多少，往往也决定了本地的年轻人和高素质劳动力的数量，这些都和经济的发展有着密切的联系。从职教科技园建立的初期，就已经开始对本地的经济起促进作用了，具体表现为一个职教科技园是由许多的建筑组成的，包括图书馆、学生公寓、食堂等。这些建筑的建成需要大量的原材料、大量的工人，同时也需要大批的资金。这些资金不可能全部来自政府，还需要投资商来投资。大批资金的引入，将带动职教科技园附近各行各业的发展。随着人民生活水平的提高，学生的消费能力也在逐渐提高。我们通过许多的案例发现，学生是一个大的消费群体。在巨大的消费市场需求下，各种饭店、饮料店、旅馆、发廊、大型超市相应地出现在大学校园周围。

第二章

职教科技园发展现状与存在问题研究

株洲以轨道交通、航空、新能源汽车三大动力产业为基础，全力打造中国动力谷，同时推动陶瓷、服饰、电子信息、新材料、生物医药、节能环保产业的发展。研发生产了全国第一型先进涡轴航空"玉龙"发动机，国内自主可控计算机整机、国内首条8英寸（1英寸≈2.54厘米）IGBT、全球首列虚拟轨道列车、全国首台12米纯电动客车、全国首条中低速磁悬浮线等一批突破性产品，株洲连续9次获得全国科技进步先进城市。只有把人才作为第一资源，才能推动制造业的发展。株洲通过"万名人才计划"大力引进和培育各类优秀人才创新创业，同时通过建设中南地区最大规模的职教科技园，为株洲制造业提供高素质的产业技术人才。

株洲职教科技园占地面积5700亩，总投资约100亿元，位于长株潭城市群核心区，环境优美、交通便利，是一个宜居之城、宜学之城。十余所在全省、全国具有影响力的优秀职业院校将入驻园区。职教科技园的整体建设分两期进行，一期建设为教育园区，二期建设为科技园区。届时将全面建成一座经科教互动、产学研一体、校企所共赢、院校资源高度共享的现代化职业教育科技园，成为"工匠摇篮、两型典范、发展引擎"。

一、株洲职教科技园建设的背景

面对产业发展的要求和人才需要，从 2008 年开始，株洲市即启动了职教科技园建设规划，规划将职业院校强强联合、资源整合、资源共享。职教科技园的建设目标除了"城市名片、两型典范、发展引擎"的愿景，还将构建现代职业教育改革创新基地，以此辐射全国。此外，市图书馆、市科技馆、市人才交流中心等配套项目都将落户于此，助推建设一座经科教互动、产学研一体、校企所共赢、院校资源共享的现代化职业教育科技园。2013 年 9 月省政府常务会议同意园区正式定名为"湖南（株洲）职业教育科技园"，使园区成为全省唯一以"湖南"命名的职教科技园区。

（一）时代发展的需要

株洲市目前正面临着产业结构升级转型和发展动能转换关键时期，对高素质技术技能型人才和创新型人才的需求量将越来越大。同时，在企业技术升级和产品升级换代的过程中，原有员工的技能培训需求也在不断扩大，为职业教育和职业培训提供了广大的市场需求。这不仅包括对中高等职业教育学历的需求，还包括企业与社会对职业培训的需求，特别是农村劳动力转移培训的需求。由于长株潭城市群的快速发展，大量城乡结合部将纳入城区范围，造成大量失地农民面临着重新就业问题，需要对他们进行技术技能培训，以便让他们获得新的谋生能力，实现自我就业和发展。这样庞大的职业人才缺口和职业培训的需求，以株洲市现有的 8 万多人的职业教育规模是远远不够的。时代发展的需要呼唤建设株洲职教科技园。

（二）院校自身发展的需求

入园的 10 所职业院校原来大部分处在市区核心区，随着经济的发展和城市化进程的加快，市区内土地日益昂贵，占地规模的限制成为这些院校自身发展壮大的最大瓶颈。因为，随着职业教育的发展，这些职业院校的原有校区大多不能满足学校扩招和提升办学质量的需求，许多学校因为生均占地面积、生均建筑面积、生均宿舍面积等硬件条件的约束在各类评优评先和办学条件评估中不达标，甚至被"红牌警告"。同时，各职业院校由于办学地址比较分散，导致在专业设置、资源共享方面不能有效协调，在某种程度上造成了资源浪费和恶性竞争局面的出现。株洲职教科技园建成之后，将进行统一规划、统一管理，各职业院校在资源共享方面将更加便利，更有利于优质职业教育资源的合理利用。

（三）建设"两型社会"的重要举措

株洲职教科技园位于"两型社会"建设试验区长株潭城市群的核心位置，区位优势明显，环境优美、交通便利。作为云龙新城建设的先行项目，既可以率先带动先导区的发展建设，形成人与环境和谐相处的生态园区，有效地提高株洲市职业教育的规模与质量，使株洲职业教育这一在全国有影响的品牌迅速做优做强；又能够按照城市发展总体规划对各职业院校在城市核心区的老校区进行升级改造，有利于城市整体功能的发挥和土地的更集约、高效利用。同时，各职业院校通过土地置换，能够为新校区扩大建设规模筹集更多资金，购买更多的先进设备，更加有利于各职业院校的长远发展。初步测算，按已定建设规模可节约30%的土地和20%的投入。"两型社会"建设亟须建设株洲职教育科技园。

二、株洲职教科技园的发展定位

区域经济社会发展的方向、规模、速度、结构决定着该区域职业教育发展的方向、规模、速度、结构；反过来，区域职业教育发展的方向、规模、速度、结构又影响着甚至是推动、引领该区域经济社会发展的方向、规模、速度、结构。职教科技园规划建设要和区域国民经济与社会发展规划同步。关于职教科技园的发展，株洲市委市政府提出了加快完善职教城的顶层设计、加快推进学校建设、加快增强园区功能、加快提升层次和加快形成品牌等5项要求，以及全面对接"一谷三区"建设，为打造株洲·中国动力谷提供产业技术人才支持，建设株洲·中国动力谷人才智谷、中国动力技术人才教育高地等新的战略定位。要求职教科技园横向拓展教育培训、创新转化、现代服务，引导职教科技园由"职教科技园"走向"职教城""科创城""宜居城""服务城"。

（一）战略定位

湖南（株洲）职业教育科技园的战略定位是成为工匠摇篮、两型典范和发展引擎。

工匠摇篮——坚持高标准、高起点，通过一流的园区设施、一流的生态环境、一流的职业院校、一流的管理模式、大师工作室，培养高素质技术技能人才。

两型典范——在规划、设计、建设、管理、运营各方面，必须遵循"两型社会"建设宗旨和要求，确保资源的高度共享和人与自然的和谐相处，成为新型工业化的翅膀，"两型社会"的典范。按照"五城"（教育城、科技城、人才城、文明城、生态城）、"四化"（现代化、国际化、网络化、生态化）的理念打造西部领先、全国一流的职教科技园。

发展引擎——为株洲的经济建设提供更多更优的职业人才和职业培训服务；同时，成为株洲新一轮城市扩张、科技创新和经济发展的引擎。

（二）园区功能定位

1.优秀的职教功能

通过引入本地中高等职业院校和外地的职业院校，以自办和联合办学等多种办学方式，充分整合职教资源，积极发挥集群优势，提高教育质量，创新职教模式，形成株洲职教的品牌优势。

形成统一的教育培训体系，使职教科技园成为长株潭及中南地区规模最大的职业技术学历教育中心，以及农村劳动力转移培训中心、下岗人员再就业培训中心、企业职工技能培训中心、科技研发与创新基地、青少年活动中心、群众文化艺术活动中心。

实现专业整合，形成机械制造、电子工业、信息技术、商贸旅游、化学化工等六大职业教育精品专业群。

园区内毕业生将统一具备毕业证书、职业资格证书、计算机资质等级证书、外语水平等级证书、汽车驾驶证五种证书。

三场馆（体育运动场馆、科技博览馆和图书艺术馆）、五中心（实训中心、语言考培中心、汽车驾培中心、学术交流与会务中心、医疗服务中心）以及实习实训资源、教师资源、品牌资源等在园区内实现高度共享。

2.统一的学生就业服务功能

建立统一的学生就业服务体系，通过政、企、校的充分合作，打造良好的就业平台，实现学生就业与满足企业技术工人需求的零距离对接。

3. 强大的科研创新功能

通过各类科研单位、企业的研发中心、高科技企业和学校的智力资源的高端整合，实现产、学、研的有效结合，充分提高园区的科研创新水平。

4. 快速的成果转化功能

职业院校在应用技术研发方面和职业人才培训方面具有的雄厚智力资源与科研院所、企业在科技成果转化、实习实训基地以及"双师型"教师或兼师提供等方面的优势，通过优势互补，实现迅捷而卓有成效的交流与合作，并形成良性互动。

5. 完善的金融服务功能

各类商业银行、保险机构等完善的金融服务体系，提供特色金融服务如"一卡通"、电子身份识别等，充分满足企业、院校的资金管理与消费需要。

6. 便捷的交通、物流服务功能

系统的交通布局和物流体系的建设，通过配套城市轻轨站点、长途客运站点、城市公交站点等交通设施，实现物流、人流的快速转移。

7. 适宜的人居环境功能

园区建设体现现代气息与和谐协调的文化氛围，实现园区"五化"，即园区绿化(绿化面积40%以上)、建筑美化、景观亮化、交通电动化、管理数字化。株洲职教科技园将成为株洲环境优美、设施齐全、居住舒适、文化教育先进、科技发达的城市新区。

8. 完备的产业服务功能

合理的产业布局、便利的交通条件、有效的政务服务、建设"两型社会"的政策扶持、政府相关部门的积极协作，将给园区的投资者提供完备的配套服务。

三、株洲职教科技园的建设现状

2017 年，湖南工贸技师学院、湖南铁路科技职业技术学院等 4 所院校已经入驻职业教育科技园办学，湖南化工职业技术学院、湖南中医药高等专科学校等 7 所院校也将陆续进驻；核心区路网已基本拉通，水、电、气、通信、公交、污水处理、河道整治等基础设施建设实现同步到位，教师公寓、商业街、安置房等公共配套服务设施也相继投入使用。2018 年湖南铁道职业技术学院于 10 月顺利实现新校区建设开工。至此，已有 10 所职业院校签约入园，其中国家级示范（"双高"）高职院校 1 所、国家级"双高"专业职业院校 1 所、国家级示范中职 4 所、省级示范（"卓越"）高职院校 4 所。全面实现园区 9 所院校搬迁办学，1 所在建，已建成总建筑面积 200 万平方米，累计完成投资近 200 亿元。

（一）株洲职教科技园用地建设现状

职教科技园规划总用地总计 1391 公顷：水域 88.7 公顷，已建设用地约 606 公顷，剩余用地约 696 公顷。职教科技园规划用地控线内主要干道云龙大道、迎宾大道、红旗路、北环路、学林路、新塘路等围合道路绿地面积约 164 公顷。

从目前情况看（见表 2 -1），已完成建设用地约 606.16 公顷，其中公益类用地面积 457.09 公顷（占比约为 75%）、保留用地及已建经营性用地 149.07 公顷（占比约为 25%）。

表 2 – 1　株洲职教科技园用地建设现状表

用地类别	现状建设用地	面积/公顷	用地比例/%
公益类用地	1. 现状已建职业教育用地	235.35	38.8
	2. 现状已建产业发展用地	6.40	1.06
	3. 现状已建公共服务设施	9.93	1.64
	4. 现状已建道路与交通、公用设施用地（供水、供电、供气、供热、环境、安全设施用地等）、绿地与广场用地	205.41	33.9
经营性用地	现状保留用地及已建经营性用地	149.07	24.6

剩余用地中，请开发经营性用地面积为 157.87 公顷（占比 20.11%），待开发公益类用地面积为 538.56 公顷（占比 68.59%），非建设用地面积为 88.74 公顷（占比 11.30%）。

职教科技园目前共 10 所职业院校，9 所已入园办学，1 所在建，现学校总用地 286.82 公顷，在校学生超过 8 万人。9 所院校在校学生规模取得了 20%～50% 的增长，职教科技园的聚集效应和品牌效应日趋明显。目前，园区各学校基本生均用地面积尚未达到高等/中等职业院校的国家标准。

(二)株洲职教科技园项目建设现状

职教科技园基础设施项目，近三年有 15 个项目基本建成，新拉通道路 17.7 千米，龙母河综合治理核心区完成约 2 千米；城铁大丰站前广场及联络线顺利通车，获评省优工程，片区环线正式形成。配套设施项目，建成了智谷商业街、就业创业中心、学府华庭一期、学府港湾一期、学府时代等项目。产业发展项目，与中智集团、中科院云计算中心等开展了战略合作，打造产学研服务平台。

以项目建设为纽带，促进职业教育与市场经济紧密结合，充分发挥株洲轨道交通装备制造、航空动力装备制造、服饰、汽车、陶瓷、中医药等产业优势及园区资源优势，建立区域产业发展政策咨询的新型高校智库；依托政府政策、资金支持，创新校地、校企共建方式，建立示范性校外校内人才实训基地。积极引导园区内各职业院校对接株洲重点产业，形成与产业对口的特色专业群，与156个行业企业形成优势互补的"产学研"发展链条，先后组建了湘菜产业、服饰产业等11个产业的职教集团；建成校企共建实训基地30多个、高级技能人才培训基地10个、生产性实训基地20个、项目站攻关小组100多个，一批成果取得国家发明证书，一批成果应用到企业生产中。

四、株洲职教科技园的运行和管理现状

按照株洲市委市政府的统筹规划，结合其他大学城运作管理的经验和教训，园区建成后的管理和运行实行"园区合一、院校自主、有统有分、统分结合"的模式。"园"即职教科技园，设职教科技园管理委员会（简称"管委会"）；"区"即社区；"统"是服务；"分"重特色。管委会与社区的管理实行"三统一"，统一人员、统一办公、统一管理园区的共享资源与公共事务。各院校内部的教学业务、校内生活区、校园秩序以及本校资源分别由各院校自主管理。

实施园区理事会管理模式。设立由政府部门、职业院校和相关行业企业共同组成的职教大学城管理理事会，统筹、协调园区内职业院校发展。园区内职业院校统一归口教育部门管理，劳动部门负责技术资格认证等相关业务。

建设资源高度共享的机制。集中建设体育运动场馆、科技博

览馆、实训中心等共享设施,搭建公共图书馆、公共技能培训中心、公用体育设施、公共商业设施,实现硬件资源高度共享。通过建立师资共享平台、学分互认平台、园区信息化平台、招生就业指导及创业中心等,实行教师在不同院校开课教学,学生在不同学校选课学习,各学校实现学分互认互通,图书馆藏书实现各院校共享与学生互借、数字化教学资源园区共享,实现软件资源的高度共享。

构建职教人才培养"立交桥"。开展"2+3"办学模式(2年中职+3年高职)试点,允许优秀中职学生学习两年后参加对口升学考试进入高职院校继续深造。开展中职学校毕业生注册进入高等职业院校学习试点,畅通中职与高职渠道。开展职业教育技术本科教育试点。支持示范性高职学院开展四年制高职试点。推动湖南工大与高职学院合作开展技术本科和技术专业学位试点,支持湖南工业大学扩大高职"专升本"招生比例,逐步将湖南工业大学纳入区域现代职业教育体系,为株洲产业升级提供高端技能人才。构建城乡一体化职业教育办学新格局。

截至2018年底,园区信息化"五个一"工程建设工作已进一步完善了"一张网",夯实了园区自治的基石。充分发挥园区创新创业工作委员会、就业创业指导服务中心、公共实训中心、技能鉴定中心、创业孵化中心、校企合作服务中心的作用,为园区院校师生和学校发展服务,为企业服务。积极推动产教融合试点市申报工作。围绕"打造中部职业教育创新之都"的初心,充分发挥职业院校聚集效应,为建设"一谷三区"供给不竭的创新型人才发力。整合宣传力量,加强媒体宣传,提升园区影响力,讲好"株洲故事",擦亮职教科技园这一城市名片;开创了"职教兴城"官微,创立了《职教周刊》,全面实现园区内涵式发展。

五、株洲职教科技园各院校基本情况

截至 2018 年底，已有 10 所职业院校签约入园，其中国家级示范（"双高"）高职院校 1 所、国家级"双高"专业高职院校 1 所、国家级示范中职 4 所、省级示范（"卓越"）高职院校 4 所。目前全面实现园区 9 所院校搬迁办学，1 所在建，已建成总建筑面积 200 万平方米，累计投资近 200 亿元。

现园区在校大中专职业学生共 8 万名，教职员工 4000 多名，其中有博士学历学位教师 42 名，具有教授职称教师 120 名，具有副教授职称教师 952 名。2018 年毕业生人数达到 21028 名，就业率达到 93%。2018 年培训 82562 人，计划 2019 年培训 77119 人。现园区院校共设专业 229 个，10 所院校根据其专业特色设有重点专业共 78 个。学校实训基地（中心）共有 556 个，其中校企共建的有 230 个。目前园区院校共有 25 个名师工作室、20 个大师工作室、3 个院士工作站（分别是铁道的刘友梅院士工作站、铁科的丁荣军院士工作站、汽职的李德毅院士工作站），申请专利达到 662 项。园区院校与 1388 家企业建立了合作，开设订单班 410 个，培养了 37916 人；开设现代学徒制班 35 个，培养了 1319 人；国际办学合作项目达到 135 个，其中"一带一路"项目培训 1820 人。

湖南铁路科技职院和湖南铁道职业技术学院主要对接我市轨道交通装备制造千亿产业群，湖南汽车工程职院对接汽车及其零部件制造千亿产业群，株洲工业学校（职工大学）对接服饰服装千亿产业群，湖南工贸技师学院对接航空航天千亿产业群，中医高等专科学校对接医药产业，湖南化工职业学院对接生物和化工产业，湖南有色职业学院对接有色冶炼和硬质合金产业，商业技师学院和幼师学校对接商贸餐饮和旅游服务产业,实现了职业教育专业建设与我市五大千亿产业和其他重点产业、特色产业全覆盖。园区多元化办学体制初步建立,行业企业参与面不断扩大。校企协同育人、协同创新、协同发展格局基本形成,学校和企业基本建立长期、全面的战略合作关系。职业教育服务经济发展和产业升级能力明显提高,专业设置围绕株洲五大千亿产业集群的重点优势产业,为株洲经济社会发展培养了大批高素质应用型人才。

(一)湖南铁道职业技术学院基本情况

湖南铁道职业技术学院(简称铁道职院)是一所以工科专业为主、文管经等专业共同发展的高等职业院校,主要面向轨道交通、装备制造、电子信息、商贸管理等行业,培养适应岗位需求的准工艺师、准技师等高端技能型人才。铁道职院始办于1951年,2000年7月,经湖南省人民政府批准,原株洲铁路电机学校和铁道部工业职工大学合并升格为湖南铁道职业技术学院。2004年,在教育部高职高专院校人才培养工作水平评估中获得"优秀"。2009年通过教育部、财政部验收,成为全国首批28所国家示范性高等职业院校之一。2009年11月,学校由中国南车集团移交湖南省人民政府管理,纳入教育厅直属单位。2011年5月,通过湖南省高校党建先进评估。2012年6月,现代企业大学中国南车大学落户学校。2015年7月立项湖南省首批卓越院校建设单位。2018年,位列杭州电子科技大学中国科教评价研究院(CASEE)、武汉大学中国科学评价研究中心(RCCSE)等联合发布的全国综合类高职高专院校竞争力排行榜20强第10名。

铁道职院全面贯彻党的教育方针,以立德树人为根本任务,现有全日制高职在校生万余人,年短期培训规模10000人次。设置轨道交通机车车辆学院、轨道交通装备智能制造学院、轨道交通智能控制学院、轨道交通电务技术学院、轨道交通运营管理学院、素质教育学院(国际教育学院)、马克思主义学院、体育学院、创新创业学院、继续教育学院等 10 个二级学院,开办高职专业(方向)31 个。铁道职院现建成国家教学资源库 1 个,拥有国家精品专业 1 个、国家教改试点专业 2 个、国家示范专业点 3 个、湖南省高等职业教育一流特色专业群 3 个。现有国际化专业教学标准2 个,国家精品课 12 门,国家级资源共享课 12 门,省级精品课程23 门,省级在线精品开放课程 8 门,立项"十二五"国家规划教材42 本。

铁道职院现有专任教师 396 人,其中教授、副教授等高级职称教师占 36%,双师素质教师占 80%。现有国务院特殊津贴专家1 名,二级教授 3 名,国家"万人计划"教学名师 1 名,全国优秀教师 2 名,全国"黄炎培杰出教师"1 名,教育部行业教学指导委员会委员 3 人;湖南省"新世纪 121 人才工程"第三层次人选 1 名,湖南省职业教育评估与咨询委员会专家 6 人,湖南省徐特立教育奖获得者 2 名,省级以上教学名师 3 名,省级优秀"双师教师"1名,省级以上专业带头人 14 名,省级以上青年骨干教师 20 名,铁道行业名师 4 名,湖南省辅导员年度人物 3 名;拥有国家级教学团队 2 个,省级教学团队 5 个。近 3 年,铁道职院获省级以上技能竞赛奖项 100 余项,其中获全国职业院校技能大赛电子产品设计及制作赛项一等奖第一名。

铁道职院是教育部指定或评定的全国重点建设职教师资培养培训基地、国家骨干教师师资培训基地和中德师资培训国内基地,是中南五省唯一的国家高职高专先进制造技术学生实训(师资培训)基地,是首批"国家高技能人才培训基地"。拥有轨道牵引实训中心等 8 大实训中心,共 140 间实训车间(室)。学校校办产业年销售收入过亿元。

铁道职院高度重视毕业生就业指导与推荐工作,与全国各铁路局企业、各地铁与城市轨道交通公司、中国中车、北汽集团、华为、三一重工等270余家企事业单位建立了长期人才供需关系，为毕业生开辟了广阔的就业渠道，毕业生年均就业率达到了95%以上。连续多年获得"湖南省毕业生就业工作先进单位"称号。

铁道职院先后荣获"全国职业教育先进单位""全国军民共建社会主义精神文明先进单位""2010—2011年度全国毕业生就业典型经验高校""全国深化创新创业教育改革示范高校""教育部'现代学徒制'改革试点单位""湖南省党建工作先进高校""湖南省文明标兵单位""湖南省高校大学生创新创业孵化示范基地"等百余项省部级以上荣誉称号。铁道职院正朝着"特色鲜明、国内一流、国际知名的高职院校"目标迈进，努力为中国职业教育的发展作出新的贡献。

（二）湖南铁路科技职业技术学院基本情况

湖南铁路科技职业技术学院（简称铁科职院）前身是株洲铁路机械学校，成立于1956年，由原铁道部批准设立，广州铁路局主管。1958年更名为株洲铁道学院，举办本科教育，后因国家院系调整恢复举办中专。2004年交地方政府主办，2005年升格举办高等职业教育，主要为铁路运输行业培养专门人才。办学以来，培养各类大中专毕业生10万多人，分布在包括香港在内的全国各地铁路和地铁线上，成为我国铁路运输行业的中坚力量。

铁科职院是湖南省卓越职业院校建设单位、湖南省示范性（骨干）高职学院、教育部人才培养水平评估优秀学校、国家首批教育信息化试点单位、国家首批数字校园实验校建设单位、湖南省首批教育信息化创新应用示范学校、湖南省大学生就业创业示范高校、湖南省首批大学生就业一把手工程优秀示范学校、湖南省首批大学生示范性创新创业孵化基地、南方铁路运输职业教育集团牵头学校和株洲市产教联盟发起学校，是株洲市人民政府与广州铁路集团公司共建学校。学院是湖南省文明校园、湖南省党建先进高校、湖南省创先争优示范单位、全国诗词进校园优秀学校。

铁科职院位于株洲市国家两型社会建设示范区——云龙新区的湖南(株洲)职业教育科技园、长沙—株洲高速(S21)株洲出口2千米处(查看交通指南),距长沙黄花国际机场、高铁长沙南站、高铁株洲西站、普铁株洲站的距离均在30分钟左右车程。学院校园占地615亩,建筑面积24万平方米,总投资10多亿元。学生宿舍公寓化,校园内有线+无线网络全覆盖,智慧化、人文化、生态化、两型化校园为全体师生提供一流的教学、工作、生活环境。

铁科职院牵头组建的南方铁路运输职业教育集团是经湖南省教育厅批准的跨地区、跨行业、跨层次的职教集团。集团成员由广州铁路集团总公司、上海铁路局、武汉铁路局等12家铁路局,长沙地铁、无锡地铁、深圳地铁、杭州地铁、广州地铁等60多家地铁和城市轨道交通公司,中国中车株洲电力机车公司、中铁轨道公司等国内知名轨道交通装备制造企业,铁道部科学研究院、中国中车株洲电力机车研究所等科研院所,行业协会、大中专院校及铁路员工培训基地组成,是深化产教融合、校企合作的坚实平台。

铁科职院培养全日制三年制高职学生,目前在校学生11000余人,设铁道机车学院、铁道车辆学院、铁道运输管理与经济学院、铁道工程与信息学院、铁道供电与电气学院、继续教育与国际学院、创新创业学院和基础课部、思政课部、体育部,开设铁路和城市轨道交通类专业16个以及服务轨道交通的非铁路相关专业6个,是一所特色鲜明的铁路行业院校,每年4月通过单独考试面向湖南招生,6月通过普通高考面向全国招生。

铁科职院采用与用人单位"双主体"育人的办法,由用人单位全程参与培养、检查和考核,大部分学生实行"订单"或者"定向"培养,实施半军事化管理,采取"毕业证+技能证"双证毕业制。铁路和城市轨道交通专业主要面向高速铁路、普速铁路、城际铁路、城市地铁以及大型厂矿企业专用铁路运营领域就业，其他专业面向铁路和城市轨道交通装备制造企业、国有大型企业、上市公司和成长型中小企业就业。

铁科职院与广州铁路集团总公司合作建设的铁路综合实训（培训）基地线路总长近3000米，使用全真实铁路线上在用设备器材进行教学化改造，其中通信信号基地是广铁集团在公司外与学校共建的唯一基地，可以满足高速铁路、普速铁路和城市地铁各专业的学生实训、职工培训及技能比武、考证需要。与中车电气股份有限公司合作建设的城市轨道交通试验线，是培养轨道交通未来人才的基地。与中国铁建、西南交通大学和肯尼亚铁路学校合作建设的肯尼亚铁道学院，与马来西亚吉隆坡大学合作建设的吉隆坡大学铁道学院是伴随"一带一路"倡议走出去培养东非和东南亚铁路人才的基地。

铁科职院弘扬以"铁的纪律、团结协作、敢于负责、甘于奉献、奋勇争先"火车头精神为核心的学院文化，按照"重点走好两条钢轨，重视走出两条钢轨，加快走向国际市场"发展战略，以"服务铁路和城市轨道交通业、服务长株潭经济社会发展、服务全体教师和学生"为办学宗旨，正朝着建设"行业排头兵、省内双一流、国家优质校、国际有影响"的优质高职学院的目标快速前进。

（三）湖南化工职业技术学院基本情况

湖南化工职业技术学院（简称化工职院）于1958年创办，前身为湖南省化学工业学校，1998年与湖南省资江化工学校合并，2010年与湖南化工机械学校（湖南工业高级技工学校）合并，2003年4月升格为高职学院。近年来，化工职院先后荣获全国石油和化学工业先进集体、湖南省文明高校、湖南省职业教育先进单位、湖南省教育科研工作先进单位，连续四次获湖南省就业创业工作"一把手工程"优秀单位，连续六年获省职业技能鉴定工作"十佳单位"，是湖南省教育信息化试点学校，湖南省教育信息化创新应用示范学校，湖南省大学生就业创业优秀示范校，湖南省高校大学生创新创业孵化示范基地，荣获湖南省"双创"示范基地荣誉称号。

化工职院新校区占地面积 573 亩，建筑面积 26 万多平方米。学校设置了制药与生物工程、化学工程、机电工程、自动化与信息工程、商学院等五个二级学院，以及基础课部、思想政治课部、技工部等 3 个教学单位，开设化工、制药、机械、自动化、信息及经济六大专业群、37 个高职专业或方向。现有在校学生 12000 余人，在职教职工近 600 人。

化工职院是湖南省高技能人才培训基地、湖南省企业人才培训示范基地、湖南化工职教集团牵头单位。学校面向企业开展各类培训 2.5 万余人次，与企业合作开展技术研发、产品开发 68 项。学校坚持"根植化工、合作育人、创新驱动、铸造品牌"办学理念，秉承"厚德、励志、笃学、精艺"的校训，形成了"和谐、奋发、唯实、创新"的校风，确定了内涵式、开放型和特色化发展道路，形成了准确的办学定位。面向未来，学校将致力于建设国内一流、国际有影响的开放、和谐、美丽、幸福新化院。

(四) 湖南汽车工程职业学院基本情况

湖南汽车工程职业学院(简称汽车职院)于 2005 年升格为高职院校，是株洲市政府和中国汽车工程学会共建院校，2014 年获评全国职业教育先进单位，2015 年入围全省首批 8 所省卓越高等职业技术学院立项建设单位和 6 所本科中职专业教师联合培养高职院校，2016 年成为全省 4 所士官生定向培养高职院校之一，2018 年获评湖南省"十大平安"系列创建示范单位，获评湖南省 2018 届文明标兵校园。

汽车职院老校区坐落于株洲市红旗北路，毗邻沪昆高速和长株高速，交通便利，环境优美，新老校区总占地面积 1055 亩，校舍建筑面积 30 万平方米，建有 12 个校企合作生产性实训基地、109 个实训室和 98 个校外实训基地，馆藏纸质图书 69 万册、电子图书 32 万册，总资产 4.5 亿元。汽车职院新校区坐落在长株潭两型社会云龙示范区，按照现代、绿色、集约、共享理念规划设计，承山而建，傍水而起，山林书院，鸟翠墨香，形成了三山两水的景观格局，一环串五区的功能布局体系，"生态聚落"化的建筑组团。这座现代简约、工业气质的生态海绵校园已于 2018 年 9 月正式启用。

汽车职院现有教职工 632 人，其中专任教师 446 人。拥有享受国务院特殊津贴专家、全国黄炎培职业教育杰出校长邓志革，国家级教学名师尹万建，全国职业院校教学名师张璐青，国家"万人计划"教学名师朱双华，全国黄炎培职业教育杰出教师侯建军、雷久相、欧阳波仪，湖南省师德标兵黄敏雄、全省高校辅导员十大年度人物陈珊、朱鹊飞等先进典型。学校主持建设汽车类专业国家教学资源库 2 个、备选 1 个，全国职业院校示范专业点 2 个、省级职业教育重点建设项目 19 个。荣获汽车类专业职业教育教学成果奖国家级二等奖 2 项、省级奖励 12 项。有汽车类国家教学名师 1 名、"万人计划"教学名师 1 名、职业院校教学名师 1 名。学校为行业、企业和农民工开展实用技术培训服务 4 万余人次。

学校着力推进产教融合、校企合作，在校内建立了人工智能科技创新平台、全省高职院校首个院士工作站——李德毅院士湖南汽车工程职业学院工作站，与北京智尊保汽车科技有限公司联合打造了无人驾驶科技成果转化平台——智能驾驶联合实验室，与湖南立方新能源科技有限责任公司联合打造了新能源汽车协同创新平台——新能源汽车研究所，与腾讯公司联合打造了大数据产学研一体服务平台——腾讯互联网学院，与株洲汽车博览园联合打造了株洲大学生创新创业平台——中国（株洲）动力谷众创空间，形成了内涵发展、融合发展和特色发展的开放平台。

汽车职院近几年在全国和全省专业技能大赛中屡创佳绩，获得一等奖 97 人次、二等奖 177 人次、三等奖 161 人次。其中，2015 年获得汽车电气系统检修项目、云计算技术与应用赛项 2 个一等奖；2016 年获得汽车营销、信息安全管理与评估赛项 2 个一等奖；2017 年获得汽车营销、嵌入式技术与应用开发赛项 2 个一等奖。2018 年获得湖南省职业院校技能竞赛高职组一等奖 8 项、二等奖 8 项、三等奖 14 项。2011 年至 2018 年，学校连续八年获得湖南省职业院校技能竞赛高职组团体二等奖以上荣誉。升格高职以来，学校先后向社会输送 2 万余名高素质技术技能人才，涌现出了受到李克强总理亲切接见的"数控专家"彭博、北京智尊保汽车科技有限公司董事长杨华军、湖南省劳动模范邹毅等大批优秀毕业生。

为更好地服务地方经济和社会发展，凸显办学优势和办学特色，学校正致力于构建以汽车类专业为主体、以电子信息类和经济贸易类专业为两翼的专业建设格局，实现"办学有特色、系部建设有特点、学生培养有特长"的"三特"目标，加快把学校建设成为省内一流、国内有影响、高水平有特色的高等职业院校。

(五)湖南中医药高等专科学校基本情况

湖南中医药高等专科学校(简称中医高专)是 2004 年经国家教育部批准升格，由湖南省政府举办，湖南省卫健委、湖南省教育厅共同管理，以湖南省卫健委为主管理的公立全日制普通高等专科学校。中医高专始建于 1959 年，已有 60 年的办学历史。现有芦淞校区与云龙校区两个校区，占地共 700 余亩，总建筑面积 26 万平方米。校园环境优美，配套了以中医药为主体的环境设施，校园绿化美化全部采用药用植物，具有浓厚的中医药文化氛围。标准田径场、足球场、篮球场、健身房及大礼堂等文体设施齐全。

学校固定资产2.7亿元，图书馆馆藏纸质图书35万册，中外文期刊1000余种，电子图书46万册，电子期刊5000种,现代电子图书系统已建成。

中医高专现有教职工390人，其中，高级职称197人；硕士、博士研究生190人；"双师型"素质教师达58%；硕士研究生导师3人，湖南省医学学科带头人1人、湖南省优秀教师1人、省级教学奉献奖1人、省"225"工程高层次卫生人才3人、全国中药特色技术传承人才2人，全国中医药创新骨干人才1人、省级骨干教师10人、教学能手4人，株洲市优秀教师2人、株洲市科技领军人才1人、株洲市核心专家2人。

中医高专有直属附属医院1家(湖南省直中医院)，系三级甲等医院，是全国首批示范中医医院，有编制床位1200张；有株洲市中医伤科医院等协作型附属医院3家，株洲市妇幼保健院等教学医院20家；有临床技能实训中心等校内实训中心6个，校外实习、实训基地130余家。

中医高专设有临床医学系、护理系、药学系、康复保健系、基础医学部、思政课部、公共课部等7个教学系(部)，目前开设了中医学、中医骨伤、医学影像技术、中医养生保健、针灸推拿技术、康复治疗技术、医疗美容技术、中医康复技术、护理、助产、养老服务与管理、中药、药学、药品质量与安全、中药制剂技术、药品经营与管理等16个专业，全日制在校学生10000余人。

中医高专以"卓越一流,强校升本"为目标，坚持"质量立校、人才强校、特色兴校"的办学理念，积极探索中医药院校办学规律，建立了适合中医药专业发展特点的专业群与课程体系，社区中医健康服务专业群、中药产业服务专业群为湖南省高等职业教育一流特色专业群，中药专业为省级特色专业及现代学徒制试点专业，针灸推拿专业为省级重点专业及教育部健康类示范专业，推拿学科为国家中医药管理局"十二五"中医药重点建设学科。

"推拿手法技术"为国家级精品资源共享课程，"医护心理学""推拿手法学""经络腧穴学""中医外科学"为省级精品课程，"医用计算机基础"等6门课程为省级精品在线开放课程。学校牵头组织全国职业教育传承与创新针灸推拿教学资源库建设及《全国高等职业学校针灸推拿专业教学标准》的编制。近五年，我校共承担市厅级以上科研课题近300余项，获市(厅)级以上教学、科技成果奖30余项，其中获国家级教学成果二等奖2项、省级教学成果奖4项，国家级优秀科研成果奖1项，全国中医药职业教育项目成果奖一等奖1项、二等奖1项、省部级优秀科研成果奖5项；教师公开发表学术论文1000余篇，其中被SCI、CA、CSCD、CSSCI和人大复印资料等系统收录转载60篇，核心期刊论文90余篇。教师共公开出版教材教参300余部，其中主编100人次，副主编90人次。学校主办有《湖南中医药高等专科学校学报》。

中医高专以"仁和、精诚、笃行、致远"为校训，继承发扬炎帝开拓进取、求索创新、奉献为民的精神，积极培育中医药特色的校园文化。学校坚持以"德育为先、能力为重、突出技能、全面育人、服务社会"为办学宗旨，面向基层、中医药行业及康复保健机构培养了大批医药、护理、康复技能型优秀人才，已成为我省中医药实用型人才和基层中医药人才的主要培养基地，至今已为社会输送了4万多名人才，诞生了一大批杰出校友：如株洲市人民医院院长李康华、汉方国药董事长杨勇、最美护士何瑶、最美乡村医生潘检根和大学生"村官"李黎等。学校毕业生年内就业率一直保持在90%以上，护士执业资格考试一次性通过率连续5年都在98%以上。近些年来，我校学生参加全国、湖南省、株洲市等各级部门组织的专业技能竞赛，多次获一等奖或个人及团体第一名的好成绩。

中医高专坚持合作办学，与多家企业、医院签订了合作办学协议，与千金药业股份有限公司、老百姓大药房、益丰大药房、秀媛堂生物科技有限公司、台湾罗丽芬集团合作开办有"订单班"；与广州美莱医院开展了医学美容技术专业现代学徒制人才培养；与附属第一医院、株洲中医伤科医院、株洲市妇幼保健院、株洲331医院、株洲市人民医院联合实施"1＋2"合作办学；与省人民医院、省儿童医院、湘雅附二医院合作开展"ICU"、"呼吸师"、"造口护理"等专科护士人才培养。其中，株洲中医伤科医院、千金药业有限股份公司、秀媛堂生物科技有限公司、株洲市妇幼保健院被评定为湖南省校企合作人才培养示范基地。

（六）湖南工贸技师学院基本情况

湖南工贸技师学院（简称工贸学院）创建于1958年，其前身为株洲市劳动局工人技术学校。1985年，学校成为湖南省第一所中级技工学校，更名为株洲市中级技工学校。1996年，由原湖南省劳动和社会保障厅批准成为湖南省重点技工学校。2001年，学校升格为株洲技术学院。2010年，经湖南省人民政府批准，建立湖南工贸技师学院，实现了进入技工教育最高层次的关键跨越。2011年9月19日，工贸学院整体搬迁至株洲云龙示范区，成为湖南株洲职教科技园首家入驻院校。

近年来，工贸学院构建了涵盖中技工、高技工、技师、高级技师和短期培训、对口升学、大学生技能提升以及创业培训等多元化的办学体系，形成了以数控、模具、电气、焊接等专业组成的示范专业群和以装饰设计、通用航空技术、电商物流以及工业机器人、3D打印、低空无人机等专业组成的特色专业群。

工贸学院设有现代制造系、电气信息系、机械工程系、建筑装饰系、经贸物流系、通用航空系6个教学系，现有教职工281人，全日制在校学生5500余人。学校现有大型实习设备2500余台（套），教学用液晶电视200余台，教学电脑1500余台，形成先进完善的数字化校园环境，实训设施价值5000多万元，实训教学条件全省领先。

近年来，工贸学院在参加各级技能竞赛中硕果累累，被誉为"技师摇篮、冠军之家"。多次被选定为省、市技能竞赛代表队指定培训单位和赛点；多次代表省、市参加全国、全省技术比武屡获全国金奖和全省团体总分第一名，众多师生进入全国"十强"或被评为全国、省、市技术能手、教学能手。"十二五"期间获得市级以上技能竞赛单项奖 500 余项，先后获得 4 次全省综合技能竞赛团体冠军以及 6 次株洲市综合职业技能竞赛团体冠军。2018 年，8 名学生代表湖南参加世界技能大赛全国选拔赛，其中黎宁同学成功跻身国家集训队，工贸学院同时被确定为世界技能大赛中国集训基地。在 2018 年第一届湖南省技工院校教师职业能力大赛暨全国选拔赛上，工贸学院以绝对优势获大赛团体第一名。在株洲市"石峰杯"技能大赛上，工贸学院在全部八个大项中获 4 个第一，斩获团体一等奖。

工贸学院深入推行校企合作，将传统单一的供需合作向产学研一体合作纵深发展，先后与中车集团、中航工业、铁建重工、格力电器、长沙远大、北汽控股、广汽菲克等 50 多家国内知名企业建立深度合作关系，构建高端就业网络，成功实现从高就业率向优质就业的转变，合格毕业生均能实现高质量就业。

目前，工贸学院正朝着建设成为全国一流技能培训基地、一流技能竞赛赛场、一流技师学院的目标不断跨越。

(七) 湖南有色金属职业技术学院基本情况

湖南有色金属职业技术学院(简称有色职院)成立于 2011 年 3 月，是湖南省人民政府举办、湖南省工业和信息化厅主管的全日制普通高等学校，是中国有色金属工业高技能人才培养基地、全国职工职业技能实训基地、中南有色金属职业教育集团牵头单位、湖南省文明高校。

有色职院位于长株潭融城核心区株洲（湖南）职教科技园，区位优势明显，交通便捷。学校占地300余亩，总投资6亿元，总建筑面积22万平方米。建有教学实验室65个，实验实训设备总价值约4000余万元，与中国铝业、江西铜业、二十三冶建设集团等省内外大中型企业建立了40余个校外实训基地，覆盖学院所有专业。学院建有标准的田径场、篮球场等体育设施。

有色职院现有教职工400余人，具有高级专业技术职称63人，"双师素质"教师占比超过40%，二级教授1名，享受国务院特殊津贴专家2名，新世纪百千万人才工程国家级人才1名，省级领军人才2名。近年来，有色职院获得国家级科技成果二等奖1项，国家教学成果二等奖1项，省级科技成果一等奖1项，省级教学成果奖3项，省级以上教学竞赛奖励30余项。各级各类科研成果立项共计166项，其中省级及以上项目51项，"高端蓝宝石研抛材料制备技术研究"荣获湖南省"五个100"重大产品创新项目；"现代制造业校企"跨国协同多方共赢"技术技能型人才培养新模式的构建与实践"荣获2018年职业教育国家级教学成果二等奖。

有色职院坚持立德树人，秉承"明德笃学、尚技敬业"的办学理念，按照"稳规模、调结构、强特色、提内涵"的办学思路，着力为有色新业态培养技术技能型人才。学院设有马克思主义学院、资源环境系（中赞职业技术学院矿业分院）、冶金材料系、机电工程系、建筑工程系、经济管理系、公共课教学部等7个教学系部，共开设矿物加工技术、环境工程技术、金属材料与热处理技术、储能材料技术、物联网应用技术、工程造价、建筑装饰工程技术等20个专业。有资源环境技术、材料工程技术、建工技术、智能制造技术、财经服务等5个专业群，其中材料工程技术为省一流特色专业群培育项目。

有色职院在校生8900余人。近年来，学生参加技能大赛获得国家级奖项 5 项，省级奖项 50 项。目前，有色职院与 200 多家企事业单位签订了《校企合作协议》和《高技能人才委托培养意向书》，连续 5 年毕业生就业率超过 90%，近三年毕业生雇主满意度平均为 97.06%，母校满意度平均为 97.43%，被评为"湖南省招生就业工作先进高校"。

2013 年 10 月，有色职院牵头组建了中南有色金属职教集团，集结中国铝业、江西铜业、湖南有色控股、二十三冶建设集团、深圳中金岭南、大冶有色集团、金川集团等 100 多家国内知名企业作为组成单位，持续深入推进"产教融合、校企合作"人才培养模式。学校积极实施"走出去"战略，与德国和韩国相关大学和企业建立了合作关系。2016 年，学校成为教育部批准的首批职业教育"走出去"8 所试点院校之一。学校制定的"金属与非金属矿开采技术专业教学标准"获批赞比亚职业教育国家官方专业标准，填补了赞比亚国家教学标准的空白。2019 年 8 月，中国－赞比亚职业技术学院矿业工程学院暨湖南有色金属职业技术学院赞比亚分院正式揭牌，有色职院承担中国－赞比亚职业技术学院矿业工程学院的教育教学工作。中赞职院是我国高职院校协同企业"走出去"在海外独立举办的第一所开展学历教育的高职院校，它的成立开启了中国现代职业教育国际化发展的新阶段。

（八）湖南省商业技师学院基本情况

湖南省商业技师学院（简称商技学院）创建于 1975 年，隶属于湖南省机关事务管理局，是一所以培养现代服务业高素质技能型人才为主要目标的国家重点职业院校。学院植根湘菜湘商，秉承"崇德 明礼 博技 强能"的校训，坚持"立足长株潭，服务湖南，面向行业，开放办学"的办学方向，质量立校、人才强校、特色兴校、从严治校，服务区域经济，为行业企业培养了大批专业技术技能人才，办学实力、办学质量和社会服务能力不断提升，社会知名度和影响力日益扩大，成为国家中等职业教育改革发展示范校、全国重点技工学校、国家技能人才培育突出贡献单位、全国商业服务业校企合作与人才培养优秀院校、全国职工教育培训示范点、全国节约型公共机构示范单位、全国商贸系统技工教育研究会会长单位，是湖南省第二批卓越职业院校立项建设单位、省示范性(特色)中等职业学校、省直文明单位、省职业教育先进单位，是省高技能人才培训基地、省扶贫技能培训基地。

商技学院地处株洲市职教科技园，占地面积 219.66 亩，建筑面积近 10 万平方米，总投资 3.4 亿元，拥有烹饪、服务、财商、机电、信息技术等 5 个校内实训中心、100 余间实训室，设备先进，功能齐全。对接现代服务业、文化创意业、装配制造业和电子信息业，构建了湘菜、湘商、文化创意、机电 4 个专业群，开设烹饪、酒店管理、旅游服务与管理、会计、电子商务、机械制造等 16 个专业。烹饪、酒店管理专业为省内各级各类学校中率先开办，专业水准全省领先，是国家改革发展校重点建设专业、省示范性(特色)专业、省精品专业、市技工院校十大精品专业。

商技学院现有全日制在校生 5500 余人，教职员工 264 人。学校积极实施名师工程、青蓝工程、双师工程、培训工程和引贤工程，以名师大师引领，以专业带头人为核心，以骨干教师为中坚，通过"专家进校园、教师下企业"等多种形式，构建从普通教师→骨干教师→专业带头人→学校名师→行业大师的培养阶梯，打造了一支师德高尚、技能精湛、结构合理，能教学、能培训、能科研的专兼结合的"双师"专业教学团队。目前，学校拥有省市级专业带头人、骨干教师 10 人，中国烹饪大师或名师、湘菜(湘点)大师或名师、餐饮服务大师 36 人，另聘请驻校的企业大师、名师 40 余位。

商技学院积极推行教学质量提升工程，按照"学生→学徒→准员工→员工"的人才培养发展路径，对接产业，对接国家职业资格标准，对接企业岗位要求，实施"双元共育，五位一体"的人才培养新模式，并创新推进"六个一"学生素质建设。近年来，学校教学质量不断提高，教学教研水平不断提升，毕业生供不应求，学生就业率保持在98%以上。近三年，师生参加校外竞赛获奖659项，其中国家级荣誉59项，省级荣誉157项；主持开展20余个市级以上课题（项目），其中8个省级、2个国家级。

商技学院坚持校企合作办学和国际合作办学为发展驱动力，与近100家大中型企业建立了良好的校企合作关系，与省市多家行业协会建立了战略合作关系。以特色铸品牌，集团化办学取得新突破。商技学院牵头组建湖南株洲湘菜产业职教集团，省内外湘菜龙头企业和同类职业院校共计50多家单位加盟集团；校企深度合作，开设冠名班，开展"现代学徒制"试点，共建育人、研发、培训基地。学院办学依托产业、服务产业、引领产业，挂牌成立了湘菜非物质文化传承和研究中心。同时，学院全面开启与日本、韩国、德国等国家以及中国台湾地区的职业教育合作，签订合作协议，师生互访开展交流，积极探索实施国际交流与合作的机制、形式和渠道，教育教学交流与合作逐步走向国际化。

学院以更新观念为先导，以改革创新为动力，积极推进高技能人才培养模式改革，力求打造成集湘菜、湘商、文化创意、机电、社区服务等优势产业于一体的高技能人才培养基地，湘菜产业的"技术研发和服务中心"，现代服务业的"人才输送中心"，社会、企业和农村劳动力转移的"培训中心"，成为省内一流、全国知名、特色鲜明的职业教育品牌院校。

（九）株洲市工业中等专业学校基本情况

株洲市工业中等专业学校（株洲市职工大学）新校区位于湖南（株洲）职教大学城项目建设单位（学校占地面积200.88亩），2015年成功申报为首批湖南省卓越职业学校建设单位。2015年，学校被评为"株洲市技能人才公共培训基地""高技能人才定点培训机构""一类职业技能定点培训机构"。

学校积极拓宽毕业生就业渠道,毕业生就业率长期稳定在95%以上,在珠江三角洲、长江三角洲、北京、上海、深圳及长株潭等地近百家企业建立就业实习基地。加强与企业合作,实行"工学交替"、校企合作人才培养模式,先后与美的集团、广汽菲亚特、福建柒牌集团、上海热风管理有限公司合作开办企业冠名班,与深圳欧达可电子有限公司、深圳量子在线网络有限公司、株洲汽车齿轮有限公司、惠州温泉度假村和格力集团等知名企业签订了校企合作协议。

(十)株洲市幼儿师范学校基本情况

株洲市幼儿师范学校(简称幼儿师范)始建于1980年,是株洲市人民政府投资主办的公办职业学校。三十多年来,学校为株洲输送2万多名中等职业技术人才,就业率在98%以上,受到了用人单位的良好评价。学校新校区位于株洲市职教科技园内,占地面积201亩,建筑面积为10.5万平方米。现有全日制在校生3234人。

学校主要为地方经济社会发展培养初、中、高级技能型人才,办学层次主要包括中等职业教育以及农村劳动力转移培训、企事业单位职工技能培训等各类短期培训等。现开设了艺术教育文化专业群和信息技术服务专业群两个专业群共11个专业,拥有中央财政支持的幼师实训基地、计算机实训基地和旅游实训基地。

学校现有在编教职工216人,其中硕士以上学历达66人,高级讲师以上职称有79人。学校拥有株洲市核心专家1人,省级专业带头人11人,市级骨干教师17人,建有名师工作室4个。学校开设了学前教育、艺术教育、计算机及应用、现代服务等四大类10个专业,建有文化艺术教育、新一代信息技术两个特色专业群,全日制在校生规模达3642人。三十多年来,学校为株洲输送2万多名中等职业技术人才，就业率在98%以上，受到了用人单位的良好评价。近五年来，学校的师生参加国家、省市各项竞赛，所获奖励达600多个，无论是全是中等学校"文明风采"竞赛、全国中职学校师生技能竞赛，还是全国的中高职创新创业大赛和教学科研成果奖，我校都获得了全面丰收，多个项目在全省独占鳌头，成为湖南省中等职业教育一流的职业学校。

学校创立的快乐德育成为株洲的教育品牌走向了全中国，与湖南兆富投资集团共同建构了先进的"创新＋创业"校企合作模式，创建了博卡拉生态幼儿园、博卡拉教育会议中心等生产性实习实训基地，为学生创造了良好的实习实训条件。《中国青年报》、《中国教育报》、香港《文汇报》等媒体大篇幅报道学校的办学事迹。

六、株洲职教科技园资源整合现状

园区的资源共享系统分为三级：一级主要是面向整个城市的体育运动场馆、科技博览馆、图书艺术馆、公共绿地等；二级是为服务各入园院校的公共教学楼、实训中心、生活服务设施等；三级则是分散在园区内独立的院校、系等单位的教育教学设施等。共享资源配置表见表2-2。

表2-2　共享资源配置表

共享范围	资源类型	
	硬件资源	软件资源
城市共享	公共广场、办公楼、商业中心、展览中心、会议中心、科技馆、电影院、中心绿地广场、医疗中心	通过面向社会的各种培训，共享知识、技能

续表 2 - 2

共享范围	资源类型	
	硬件资源	软件资源
校际共享	学术交流与会议中心、学生宿舍、教师宿舍、食堂、大中型运动场设施、图书艺术馆、实训中心	重复、弱势专业的整合,师资共享(听课、辅导、咨询)、学生共享、网络信息资源的共享、学科知识、学术交流活动等
校区共享	专业实验室、小型商业服务区、教学楼	校园文化、精神

园区建成后的管理和运行,实行园区合一、院校自主、有统有分、统分结合的模式。"园"即职教科技园,设职教科技园管理委员会(简称管委会),"区"即社区,"统"是服务,"分"重特色。管委会与社区的管理实行"三统一",统一人员、统一办公、统一管理园区的共享资源和公共事务。

管委会的职责范围包括讲座、课程、专业、科技项目的全面开放与共享;教材、图书馆、教学科研仪器设备、实训基地的全面开放与共享;文体中心、商务会议中心、科技馆、绿地广场等公共服务设施的全面开放与共享或租借利用;国家级、省级或院级精品课程建设成果全面开放与共享;网络课程、远程学习指导的开通共享;优质教师资源的全面开放与共享。

职教科技园是省"两型典范"的重点工程,在建设过程中,土地综合利用与体育馆、图书馆、公共实训中心、公共服务中心、公共孵化中心等配套服务的资源共享项目已分批推进建设并部分投入运营。

2013 年,职教科技园建立园区"一卡通"平台,已部分实现了园区软硬件资源的共享。2016 年 4 月,株洲云智慧职教科技园项目第一期建设云计算中心全部建成。为园区的信息化建设提供了统一数据服务、统一通信服务、统一云平台服务、统一网络运维服务信息化公共服务，正在推进对入园院校的全面性服务。

2016 年，园区发展促进会将信息化资源共享作为课题研究，基本确定了推进院校间各类场馆开放、教师互聘、学分互认，学生跨校选课，信息与图书资源共享等方面建设，来实现园区信息化资源共享平台的路径；以云计算的大规模服务和集约式建设的模式，依托职教科技园云计算数据中心，通过双万兆光纤连接职教科技园的 10 所院校和创业就业中心等主要配套服务设施，建设园区"一张网、一张卡、一片云、一套库、一堂课"五个一工程建设，形成覆盖职教科技园的城域网络，为园区各学校和企事业单位的培训资源、课程资源、师生资源、公共服务资源的共享提供基础网络支撑。

目前职教科技园区资源共享情况如下：

2018 年园区信息化"五个一"工程建设工作已进一步完善了"一张网"，实现了职教科技园区城域网和无线 Wi-Fi 覆盖。在此基础上，正在加快推进"一张卡""一片云""一套库""一堂课"建设进度。

在以各级"双创"基地为阵营的服务园区师生和中小企业的就业创业平台上，我们推动了院校双师工作室的建设，充分发挥园区创新创业工作委员会、就业创业指导服务中心、公共实训中心、技能鉴定中心、创业孵化中心、校企合作服务中心的作用，为园区院校师生和学校发展服务，为企业服务。

组织园区各类活动。组织了"株洲职教杯"系列赛事，包括大学生职业规划和创新创业大赛、学生征文比赛、班主任能力素质比赛、学生气排球比赛等。举办了被誉为"焊接世界杯"的"嘉克杯"国际焊接大赛。对包慧婷服装大师、吴端华劳模创新汽车装调大师等 22 个工作室给予了授牌。

管理办官网和官微与株洲网合作，强化了宣传阵地，开创了"职教兴城"官微。联合职教科技园各大院校，又共同合作创立了

《职教周刊》。

按照"各校相对独立，教育资源共享"的建设理念，打破园区和院校围墙界限，对园区内公共实训中心、就业创业中心、运动场所以及公共信息平台等资源实行共享，体现"两型"社会建设新理念。

七、株洲职教科技园发展经验和存在的问题

(一)株洲职教科技园发展经验

从2008年提出职教科技园建设，到目前9所院校入驻园区，1所在建，株洲市政府和市委各有关部门加强协调，咬定目标加快建设，落实责任，马上就办，齐心协力，确保了建设顺利推进。

1. 以项目建设为纽带，促进职业教育与市场经济紧密结合

株洲职教科技园，充分发挥株洲轨道交通装备制造、航空动力装备制造、服饰、汽车、陶瓷、中医药等的产业优势，发挥职教科技园区资源优势，建立区域产业发展政策咨询的新型高校智库；依托政府政策、资金支持，创新校地、校企共建方式，建立示范性校外校内人才实训基地。积极引导院校对接株洲重点产业，形成与产业对口的特色专业群，与156个行业企业形成优势互补的"产学研"发展链条，先后组建了湘菜产业、服饰产业等11个职教集团；建成校企共建实训基地30多个、高级技能人才培训基地10个、生产性实训基地20个、项目站攻关小组100多个，一批成果取得国家发明证书，一批成果应用到企业生产中。

2. 理顺管理体制，整合资源，主动作为，做好服务工作

根据职业教育发展的新趋势、新部署和新要求，结合株洲职

教科技园的发展实际，着力研究解决一批重大的关键性问题，及时提出政策和工作建议，供市委市政府决策，以加快推动职教科技园的建设和发展。各职业院校立足当前和未来的发展，主动对接市场，优化专业设置，注重共建共享，不断增强竞争力，进一步做大做强职业教育。

3. 资源共享"五个一"工程

聚集资源、聚焦优势、良性整合、展现特色，形成信息化发展合力，实现职教城集约化基础信息服务、提高信息化的利用率，降低各院校信息化建设成本、学校的信息化人力投入和运维成本。

（1）职教城域网（一张网）

建设职教科技园城域教育网和无线 Wi-Fi 覆盖，为院校资源共享铺设信息化的高速公路。依托职教科技园云计算数据中心，建立园区统一资源共享教育城域网络，实现 10 所院校资源共享、信息互联互通；园区公共区域无线网络覆盖，方便园区 10 所院校近 20 万师生用户生活、学习，打造线上和线下服务为一体的智慧职教城；提高园区信息化资源利用率，降低各院校信息化建设投入以及运维成本。

（2）职教阳光卡（一张卡）

建设覆盖职教科技园的新型一卡通平台，实现资源共享的便捷用户访问。建成集园区学习、消费、生活一体化的一卡通，实现园区师生的购物、餐饮、电影、酒店、公共场馆、自行车等配套设施的打折消费，推动园区产业的发展，降低师生的生活消费成本；免费享受园区的公共无线 Wi-Fi，为园区 10 万师生和企事业单位构建"移动学习"和"泛在学习"的智能化环境；免费阅读园区的公共电子图书资源和 MOOC 等视频公开课资源；提供园区各类公共实训基地（智能制造、智能焊接、无人机培训等）等公共服务资源，持卡学生可以在线申请并享受补贴。

（3）公共服务平台（一片云）

建成统一的园区公共服务平台，在实现管理办的邮件、OA 等办公自动化应用的同时，提供面向园区师生、企业、居民的统一公共服务。基于园区云计算数据中心云计算、网络、存储资源，形成园区公共服务一片云。面向园区学校、企业用户，提供园区公共设施、设备、场馆租赁及公共消费共享服务；面向园区学校师生，提供教学科研、名师优课等教育资源共享公共服务；面向学校师生、园区用户提供园区就业、创业以及培训资源共享服务。

（4）图书资源库（一套库）

集中采购知识服务平台，共享各入园院校教学资源库。整合园区知识信息资源，提高职教科技园区院校数字图书资源的图书存储量，满足 10 所院校不同学科、不同专业的共性需求；改善数字化学习与知识创新信息化条件，提高院校的教学质量和教学水平；减少各院校之间的公共重复图书资源的购买，提高图书资源的利用率。

（5）视频公开课共享平台（一堂课）

基于职教科技园的城域教育网，建立面向 10 多万学生的视频公开课共享平台，不同学校的学生可以跨校申请上公开课，也可以通过 PC、手机、电视收看园区视频公开课平台的名师课程。

（二）株洲职教科技园存在的基本问题

1.行政结构不合理，效率不高

园区实行多头管理审批模式，项目落地缺乏保障。职教科技园区地处云龙示范区，园区又设立有管理办公室，园区内发展的教育事业受市教育局指导，教投集团隶属市国资委独资国有企业，五方主体在职教科技园发展中直接或间接发挥着作用。云龙示范区管委会、职教科技园管理办、市教育局、教投集团、市国资委五方主体缺乏紧密的沟通和协调，审批效率低，科学性和指导性不足，严重影响现状建设效果。

主要表现在：一是上级渠道不通，管理办作为市政府管理的公益类事业单位，鉴于单位性质和职能，与省教育厅、省人社厅等省级部门业务对口联系渠道不通，导致信息渠道、资源争取方面非常被动。二是同级连接不畅，职教科技园管理办业务上归口云龙示范区管理，未全面落实。市教育局与园区职业教育发展的互动联系不紧密。"管建分离"后，仅靠联席会议、调度会议制度无法较好地协调园区建设项目，协调工作耗时耗力。三是统筹管理不灵，职教科技园 10 所入园院校中多为省管院校，隶属于不同上级主管单位。职教改革、资源共享、争取教育项目等统筹管理工作受阻。四是职权履行无力，统筹园区规划管理，缺乏话语权。着力园区资源共享和产业规划工作，推进园区项目建设进程，无管理权限，只能协调问题。加强园区安全生产、综合治理工作，优化园区办学环境，缺乏行政执法权力。

针对以上问题，希望市编办在"建管分离"之际对管理办职能重新定位："统筹园区规划管理，着力园区资源共享和产业规划工作，加快推进院校建设进程，加强园区安全生产、综合治理工作，优化园区办学环境。"

目前园区 10 所职业院校所属机构不同，职教科技园各利益主体之间的关系错综复杂，针对如何更好地实现园区合一、院校自主、有统有分、统分结合，职教科技园管委会的角色如何定位，如何转变行政管理职能等方面，我们应建立起体现职教科技园特色的，以自我评价、自我考核、自我监督、自我问责为主的绩效考核和问责监管体系，不断提升职教科技园管委会的公共服务能力与服务水平。

2. 公共服务亟待提升

（1）商业配套滞后

目前职教科技园的商业配套仅有智谷商业西街，业态单一，交通基础设施(公共交通、区域性的路网)、公共服务设施(消防站、派出所、卫生所、幼儿园、中小学校等)、居住配套等方面的配套建设明显滞后,整体建设主要集中在院校周边,公共配套区域建设滞后,智慧广场等共享区项目亟待启动。

(2)公共交通

随着株洲职教科技园区的快速发展,10 所职业院校的入园办学,园区范围内的人口和机动车数量将大幅增长,交通拥堵问题势必日益凸显,另外目前公交车只有两路,不能满足日益增长的人口出行需要。加强园区智能交通系统建设,提高交通管理水平,事关职教科技园区当前及今后中长期发展。

(3)信息化基础设施薄弱

2016 年以前,职教科技园的信息化建设投入较少,2013 年,职教科技园建立园区"一卡通"平台,部分实现园区一卡通;2016年基本建成了第一期职教科技园云计算中心,但实现各院校的信息化互联互通的城域网络未启动建设。

3. 资源共享机制和平台建设有待推进

(1)信息资源共享统一问题

入园的高职院校,均购置了知网、超星的数字期刊和数字图书资源,但每个学校购买模块基本一样,造成了资源的浪费;中职类学校没有购置数字资源,资源分布不均衡,利用率不高。没有统一的信息化建设路线,各职院间信息资源均为己所用,缺乏统一教育信息管理和发布的平台支撑,信息互通集成能力弱。

(2)资源共享平台利用率不高

目前园区内拥有公共实训中心、就业创业中心、运动场所以及公共信息平台,但是由于缺乏统一的管理机制,导致利用率较低。如何在株洲市层面搭建职业教育实训资源信息共享服务平台,对全市职教科技园所有的实训资源实施透明化、公开化管理,需要进行广泛调研和各部门的协调。

（3）后勤服务资源分散

株洲科技职教科技园区集中了 10 所职业院校，2019 年园区师生人数达到 10 万人左右，并且还呈逐年上升的趋势。株洲科技职教科技园区距离市区较远，应整合后勤服务资源，较好地处理产权纠纷，减少国有资产的流失，从而推进株洲科技职教科技园区后勤社会化改革。

4.职教科技园服务株洲产业升级能力亟待提升

（1）校企合作中企业积极性不高

目前，企业主要满足于就业合作，由于育人过程的合作难以取得直接经济回报，因此合作积极性不高。主要原因，一方面是现有校企合作政策，如接收实习生减免税收等规定，难以落实，企业积极性不高，二是如何调动和保护企业参与人才培养过程的政策措施不健全，导致企业不愿深度参与育人过程合作。二是没有直接服务航空千亿产业群的高校。目前对接航空千亿产业群的职业学校只有南方航空高级技工学校，高端技术人才特别是技术研发人才主要靠外地引进，与本市航空产业品牌不相称。三是县域职校服务区域经济能力比较弱。由于师资、设施设备及产业发展问题，大部分县级职校对区域产业发展贡献率有待提高。

（2）师资力量需进一步加强

"双师型"队伍建设仍然是职业教育质量提升的短板。一是数量不足。教育部规定中等职业学校师生比的合格标准为1∶18，有的学校达到了1∶25，有的学校甚至达到了1∶30。由于教师数量不足，教师教学工作量过大，有的教师一周超过 30 节教学课时，根本没有时间研究教材教法和接受继续教育。二是结构不合理。文化课教师比例偏大，特别是由普通中学改制过来的中等职业学校，文化课教师比例更高。三是教学能力有待提升。学校专业教师实践经验不足，操作能力有待加强。学校难以吸引到企业的能工巧匠，而有的职业学校的专业教师，由于教学经验不足，教学效果不太好。

(3)专业服务产业升级须提升

随着区域经济社会发展和产业的转型升级，企业对人才的需求不断出现新的变化，即使各院校在初期对市场人才需求做了正确的预测，开设了相应的专业和课程，培养对口人才，但是传统的高职教育人才培养具有长期性、稳定性和系统性特征，而技术升级迭代和产业转型发展使得市场对人才的需求变化快，各院校人才培养供给侧仍然难以适应产业需求侧的发展。目前株洲市对于新兴产业进行了新的规划，要求相关产业进行升级，因此各职业院校作为培养产业人才的培育基地，应积极学习《株洲市轨道交通装备产业振兴行动计划》《株洲市航空产业振兴行动计划》《株洲市汽车产业振兴行动计划》《株洲市服饰产业振兴行动计划》，积极做好专业服务株洲产业升级。

第三章

职教科技园服务株洲经济社会发展现状分析

一、株洲职教科技园各院校技术技能人才培养情况

(一)职教科技园各院校技术技能人才培养现状

高职院校是国家培养技术技能人才的摇篮,为社会培养了大批具有较高理论素养和技术水平的技能人才,然而目前株洲职教科技园各高职院校培养的技术技能人才与社会需求还有一定的距离,在技术技能人才培养途径上还须不断改革和创新。

近五年来,株洲职教科技园各院校为社会输送了十多万技术技能人才,职业教育已经成为制造业、服务业等主体经济人才培

育的主要阵地和渠道，形成了规模庞大的产业大军。2018 年株洲职业教育科技园园区院校培养技术技能人才情况，见表 3 - 1。随着我国经济的不断转型以及工业化社会的不断发展，不同行业技术技能人才培养的目标定位和能力要素越来越明确，也对高职教育提出了更高的要求。相对于社会经济发展的需求，职教科技园各高职院校的技术技能人才培养工作还有着较大的差距，主要表现为以下几个方面：第一，技术技能人才的规模和结构不符合要求，我国的技术人员只占总就业人数的五分之一，并且高端技术技能人才供给出现明显短缺且呈加剧趋势；第二，协同育人机制有待完善，人才培养过程中行业和企业参与不够，由于缺乏相关激励政策，企业缺乏参与校企人才共育的内在动力，导致合作效果不太理想；第三，职业教育的学位制度还未建立，缺少本科职业教育，且难以实现在职业领域与教育领域的顺畅转换和终身学习；第四，高职教育的办学基础依旧比较薄弱，教育经费在高等教育经费投入中占的比例还很低，导致学校师资、设备等条件达不到技术技能人才培养的办学要求。

表 3 - 1　2018 年株洲职业教育科技园园区院校培养技术技能人才情况统计表

院校名称	统计内容					
	总在校人数	省内在校人数/市内在校人数	2018 年毕业数	省内毕业率/市内毕业率	省内毕业数/市内毕业数	2018 年就业率
铁道职院	10263	7837/2426	3134	98.4%/98.6%	1755/1378	90.2%
铁科职院	9980	6986/1147	3694	99.8%/100%	2696/424	95.55%
工贸学院	5474	2303/2994	971	98%/96%	243/701	94%
化工职院	12079	10871/321	3162	95.6%/98.2%	3022/315	90.07%
商技学院	5307	5147/2613	1069	100%	1047/569	98.9%
有色职院	7885	7751/134	1931	57.1%/13.5%	1103/262	88.81%
中医高专	10215	9832/1623	2731	95.6%/17.0%	2611/463	86%
汽车职院	9776	6056/1558	2397	89.3%/84.9%	1504/418	92.4%
职工大学	2564	2541/1779	819	100%/100%	809/566	100%
幼儿师范	3177	652/2456	1120	100%/100%	213/907	100%

（二）各院校技术技能人才培养途径研究

1. 谋求高职教育与本科教育等价体系，提升高职教育的社会地位

高等职业教育和本科教育要建立相互沟通的平台，尝试推行职业资格证书与学位文凭同价等值的制度体系，使职业资格证书与本科学位文凭在社会地位和认可程度上有对等的关系，实行不同教育学习机构间的学分互认，打造技术技能人才培养的立交桥。通过立法和改革，提升高等职业教育的社会地位，推进应用型本科的建设，理顺教育文凭和技能证书间的等值关系，为技术技能人才在职称评审和职务晋级上提供政策支持。

2. 完善法律保障，推进校企共育技术技能人才

地方政府要根据区域实际情况，制定出台相关法律制度，规定高等职业教育的办学功能定位、权利和义务等，并出台配合性法律明确企业在职业教育上的责任和义务。通过建立职业训练法规体系，出台人力资源开发和培训制度，加强企业员工的职业技能培训，既促进了职业教育机构的发展又保证了企业对人才的需求。

3. 发挥行业企业的主导作用，构建符合社会需求的人才培养体系

大力推进校企产学融合，行业协会提出技术技能水平标准，并参与相关课程和职业资格标准的开发，充分发挥企业在人才培养模式改革、课程建设、师资培养、考核评价等过程中的主导作用。要将实践环节与职业资格认证挂钩，学习结束时通过政府或行业组织的考试后获得职业能力证书。课程设置和专业设置要以满足社会实际需求为原则，具有高度的开放性和灵活性，并使专业和课程设置处于相对稳定和不断更新的状态中。

二、株洲职教科技园园区各院校技术技能人才培训情况

《湖南省"十三五"服务业发展规划》提出：服务业发展提质加速，成为新增就业和税收增长的主要渠道。力争到2020年，服务业增加值突破21000亿元，占GDP比重达48%以上；服务业财政税收贡献率不断提高，服务业地方税收占全省地方税收的比重超过75%；吸纳就业超过1650万人，占全社会从业人员比重达到40%。

《株洲市"十三五"服务业发展规划》中提出的发展目标为：力争到2020年，保持全市服务业增加值增速高于全市GDP的增速；服务业投资增速高于全市固定资产投资增速，不断提高服务业增加值占GDP的比重。服务业增加值达到1500亿元，年均增长14%以上。服务业增加值占GDP比重达到40%。服务业投资年均增长20%以上。生产性服务业占服务业比重超过40%。消费品零售总额年均增长12%。

株洲职教城是株洲市政府为响应党和国家关于大力发展职业教育的重大战略决策，通过职教科技园区的建设有效整合园区内的职教资源，实现职教资源共享的规模效益，增强职业教育服务区域产业建设能力，促进两型社会健康快速发展。

（一）职教城技能培训现状分析

株洲职教城位于株洲市东北部，园区规划总占地面积1300多公顷，总投资100亿元，项目计划3年建成，5年全面完善。实现园区在校学历教育学生8万至10万人，年均培训人员3万人。现已有10所院校签约入园，自2009年底开工建设以来，湖南工贸技

师学院、湖南有色金属职院、湖南省商业技师学院、湖南铁路科技职院、湖南化工职院等 5 所院校已先后建成开学，湖南铁道职院、湖南中医药高专两所院校已于 2016 年内启动建设，湖南汽车工程职院、株洲市职大、株洲市中等职业学校正在积极推进土地报批。入城院校都是国内、省内有较大影响，处于全国领先水平，各具特色的职业院校。重点依托职教大学城内湖南铁路科技职院、湖南化工职院、湖南铁道职院、湖南汽车工程职院、湖南工贸技师学院等示范性高职院校、技师学院和高级技工学校，建设一批省、市级高技能人才培训基地，向企业提供职业培训、技能实训、职业资格鉴定等公共服务。到 2020 年，将建成 30 个市级高技能人才培训基地，力争申报建设 10 个以上省级和国家级高技能人才培训基地，基本形成覆盖重点产业和全市城镇的高技能人才培训网络，为湖南省经济建设提供更多更优的职业人才和职业培训服务，为长株潭"两型社会"建设做出积极贡献。

（二）职教城资源共享的意义

株洲职教大学城是湖南省重点项目、湖南省"两型社会"建设典范工程、株洲市十大服务业项目之一，对调整教育结构、对接产业发展、服务公共民生及打造株洲发展升级版具有重大意义。在职教大学城建设前，株洲市高技能人才培训规模相当有限，培训质量不能很好地满足行业企业技术层级不断快速升级的需要，尤其是职业岗位在技术层次上的不断分化、岗位技术水平的持续提升、岗位技术含量的持续升级以及劳动内涵的极大丰富，对劳动者的技术水平提出了更高的要求。而各职业院校的建设各自为战，从硬件建设到教学支持服务等都是独立组织与实施，一方面投入分散、投入不足，导致职业院校办学条件难以满足经济社会对职业教育人才及培训规格的需求，另一方面因为条块分割、各自为战，造成重复建设、资源浪费。因此，研究和解决职教大学城资源共享问题，有利于节约投入成本，有利于教育资源使用效率，有利于提高职业教育质量及技能培训实效。近年来，株洲地区高技能人才培养机构、职业院校与企业大力推进"校企合作、工学结合"的高技能人才培养模式，专业建设与课程开发力度加大，师资队伍水平与实践条件得到改善，培训质量显著提高，企业高技能人才队伍总体水平呈上升态势，特别是对高起点、高标准建设好和管理好株洲职教科技园具有非常重要的意义。现已形成了良好的实践资源共享运行机制。园区内高校通过"抱团共享，强强联合"提高整个园区各高校自身的内部效益和园区的外部效益。通过职教科技园区各职业院校教育资源共建共享实现职业教育及培训规模发展，为长株潭"两型社会"建设和株洲市产业转型升级做出积极贡献，为湖南省经济建设提供更多更优的职业技能人才和职业培训服务，培养适应地方经济建设和社会发展需要的技术技能型人才，满足经济发展方式转变和产业结构调整要求。2018 年园区院校培养技术技能人才培训情况统计及 2019 年园区院校培养技术技能人才培训情况计划表，见表 3 - 2。

表 3 - 2　2018 年园区院校培养技术技能人才培训情况统计及
2019 年园区院校培养技术技能人才培训情况计划表

院校名称	统计内容	
	2018 年培训人次	2019 年计划培训人次
铁道职院	8233	9000
铁科职院	20136	15000
工贸学院	5240	4000
化工职院	8805	9000
商技学院	2138	2300
有色职院	1296	2000
中医高专	3301	2200

续表 3 - 2

院校名称	统计内容	
	2018 年培训人次	2019 年计划培训人次
汽车职院	27195	27250
职工大学	930	1000
幼儿师范	5288	5369

(三)技能人才培训资源共享具体举措

1. 成立专门机构，统筹规划、管理运作

一个有效的组织领导和协调机制能够充分整合政府、高校、企业和行业等方面的优势，调动各方面支持职业院校和高职园区建设的积极性，有助于保障和实现校校之间、校企之间的合作共享。职教大学城内各高职院校应联合成立专门机构，负责组织、协调推动工作、决策有关资源共享的重大问题，为保障园区技能人才培训资源共享提供组织保障。

2. 教学、信息资源共享

各院校教学资源各有所长，具有不同的学科优势、专业优势、课程优势和设备优势，要实现资源共享必须做到以下三点：

(1)建立优秀教师共享机制

建立职教科技园区专业带头人、骨干教师、"双师型"教师、企业技术专家等优秀教师组成的"教师互聘信息库"。各校可以根据教师余缺状况，向"教师互聘信息库"输送或求助，充分有效利用职教科技园区的优质教育资源，给参加技能培训的学员提供最优质的师资力量。

(2)建立公共实训共享资源

职教大学城现有的高职院校、技师学院所开设的专业及技能培训工种有很多都是相同的，对相同的培训工种则可建立公共实

训中心进行资源整合。坚持把校企合作作为培养高技能人才的突破口，搭建起校企联合培养技能人才平台，有效保障校企合作健康发展。

(3)建立信息资源共享

职教城内各高职院校与技工院校都有联系紧密的企业，湖南工贸技师学院、湖南省商业技师学院与株洲汽齿、华联瓷业等各大中型企业"联姻"，进行了全方位、深层次、多形式合作，每年培训1万人次以上，培训后上岗就业率达90%以上。湖南化工职业技术学院与湖南海利集团、湖南中成化工有限公司、株洲兴隆新材料化工有限公司是多年合作伙伴关系，每年为这些企业培训技能人才上千人次。针对每个企业需要培训的岗位不一技能不一，各高职院校和技工院校应在园内构建相互衔接、沟通顺畅的信息交流平台，资源共享并及时发布相关信息，共同为企业培养技能人才，全方位满足企业需求，为员工培训、技能鉴定等项目提供载体，为企业员工技能培训带来极大的便利，为校企合作提供一个新的平台，为校企合作的创新提供新的契机。

三、株洲职教科技园科技创新成果及转化情况

2014年国务院部署推进"大众创业、万众创新"工作，株洲紧跟推进步伐，加快完善从孵化、培育到发展壮大的全链条服务体系。全市建成省级以上科技企业孵化器6家，其中国家级2家；建成省级以上众创空间24家。

积极推进科研设施和仪器开放共享，建立大型仪器设备共享目录库，发布了线上共享服务平台，全年入库仪器设备总数2000多台(套)，资产总值8.3亿元。连续三年举办全市创新创业大

赛，共吸引762个项目报名参赛，帮助参赛企业获得创业投资近亿元，培训创业者3000多人次，30多个企业和团队在国家、省行业总决赛中获奖，获市级以上财政支持达1000多万元。职业院校在应用技术研发方面和职业人才培训方面具有的雄厚智力资源与科研院所、企业在科技成果转化、实习实训基地以及"双师型"教师或兼师提供等方面的优势，通过两者优势互补，实现迅捷而卓有成效的交流与合作，并形成良性互动。

株洲是一个创新能力强、发展潜力大、产业特色鲜明、新旧动能加速转换的创新型城市。近年来，株洲深入贯彻落实省委创新引领、开放崛起战略，在创新发展方面形成了一批可复制、可推广的经验，以实际行动践行了初心使命。

株洲职教科技园与科技园同处一区，通过各类科研单位、企业的研发中心、高科技企业和学校的智力资源的高端整合，实现产、学、研有效结合，充分提高园区的科研创新水平。目前园区院校共有25个名师工作室，20个大师工作室，3个院士工作站（分别是铁道的刘友梅院士工作站、铁科的丁荣军院士工作站、汽职的李德毅院士工作站），申请专利达到523项。

（一）职教科技园科技创新成果及转化现状

1. 院校创新投入仍有差距

园区没有本科院校，面园区内职业院校的科研资源又有限，因此，科技创新一直是株洲职教科技园的短板。产业基金规模、科技金融和制造业贷款规模偏小，科技人员创新创业的潜力还没有充分激活。

2. 创新平台的承载力和服务功能有待提升

支撑人才、科技、产业融合发展的大平台建设也是株洲职教科技园的一块的短板。园区缺乏像"杭州的未来科技城"那样的公共创新服务大平台，产业引领作用不强。园区公共服务平台的运作仍以政府行政推动为主，运行机制不够灵活，资源整合度不高，在为企业开展供需对接、创新服务、解决共性难题等方面的作用还不够突出。

3.各院校科技创新体制机制仍然不活

各院校科研部门现有管理制度不活，国家《关于深化人才发展体制机制改革的意见》提出，高校、科研院所科研人员经所在单位同意，可在科技型企业兼职并按规定获得报酬。但目前在有些领域仍然难以执行落地，科研人员很少有在职创业、在外兼职现象。最终严重影响了横向研发经费的总体投入，导致各院校科研机构投入比例严重偏低。

(二)职教科技园科技创新成果及转化措施和建议

加大科技投入，提高自主创新能力，加快科技成果转化。今后相当长一段时期内，株洲职教科技园应逐步加大科技投入，提高企业自主研发能力和技术创新能力。探索建立适应株洲职教科技园实际的，社会化运作程序较高的，多层次、多形式的高新技术产业发展基金制度，解决资金瓶颈，提升自主创新能力。要加大培育企业的技术骨干和管理人员培训，组织专业服务机构和专家开展服务，支持和帮助企业建立和利用专利信息数据库，各级专利资助资金优先支持列入培育计划的企业申请国内外发明专利，大力推动企业知识产权管理标准化建设，有效提升企业以发明专利为主的核心自主知识产权产出，同时，要加强科技成果转化速度，尽快形成有效生产力。

完善各种有利于全社会研发创新的政策措施。目前出台的一些人才、税收、奖补等优惠政策也不少，但从调研反馈的情况看，操作性并不是很强。因此，建议相关部门多调研论证，特别是多了解受惠对象的想法与诉求，尽可能使出台的政策更完善、更具操作性，发挥政策应有的效应。

充分调动各院校研发积极性。职教科技园集聚了大量的人才、设备等科技资源，相对企业更符合开展基础前沿技术研发的条件。政府要通过各种政策手段，激发他们的研发积极性和科研热情，提升他们服务经济社会发展的自豪感和幸福感。

四、株洲职教科技园各院校各类课题研究情况

现园区共有 10 所学校入驻，在校学生共 76720 名，教师 3807 名，其中有博士 40 名，教授 116 名，副教授 927 名。2019 年园区各院校积极申报市级以上课题，平均 30 项左右，以湖南铁路科技职业技术学院为例，2018 年申报省市级纵向课题 29 项、横向课题 12 项。

（一）职教科技园各院校各类课题研究现状

1. 科研经费投入严重不足

园区院校纵向课题申请非常困难，特别是国家、省部层面的课题非常难争取。以 2018 年湖南省自然科学基金为例，面上项目共立项 683 项，其中高职院校仅有 2 项，占 0.3%；占 3.75%；科教联合项目共立项 72 项。青年基金共立项 894 项，其中高职院校仅有 2 项，占 0.2%；科教联合项目共立项 72 项，全是高职院校，占 100%；衡阳联合共立项 18 项，其中高职院校仅占 3 项，占 16.7%；株洲联合共立项 43 项，其中高职院校仅有 1 项，占 2.3%。湖南省自然科学基金共立项 1942 项，高职院校占 3.96%，其中职教科技园立项数为 11 项，具体见表 3 - 3 所示。

表 3 – 3　2018 年度省自然科学基金拟立项项目表

序号	项目名称	单位	负责人	项目类别
1	湖南高职教育契合 2025 湖南智造 1 + X 发展模式研究	湖南化工职业技术学院	朱再英	科教联合
2	新型 MPd 纳米催化剂及其室温下催化甲酸析氢性能研究	湖南化工职业技术学院	刘军	科教联合
3	人胃肠仿生消化对花生肽亚铁生物活性的影响及抑菌机理研究	湖南化工职业技术学院	肖怀秋	科教联合
4	高等职业教育产教深度融合政府引导机制创新研究	湖南化工职业技术学院	袁华	科教联合
5	基于超声波强化微生物技术浸出铝土矿尾矿中铁的机理研究	湖南化工职业技术学院	曹慧君	科教联合
6	高体分 SiCp/A 材料的切削刀具极限效能研究	湖南化工职业技术学院	谭海林	科教联合
7	HTS – 1 分子筛上烯烃催化 1 – 烯烃氧化断键的调控研究	湖南化工职业技术学院	刘绚艳	科教联合
8	缸内直喷技术在摩托车发动机上的应用研究	湖南汽车工程职业学院（原株洲职业技术学院）	谢冬和	科教联合
9	基于视觉与力觉反馈的工业机器人上下料系统研究	湖南铁道职业技术学院	吴海波	科教联合
10	电动汽车接入微电网系统优化运行研究	湖南铁路科技职业技术学院	余岳	科教联合
11	冷热双缸五角转子斯特林发动机研究	湖南铁路科技职业技术学院	程友斌	株洲联合

2.科研管理机制不灵活、不完善

目前，高职院校科研主要实行以课题组管理为主的管理方式，由于课题组多为"小团队"，科研力量分散，难以形成跨专业、综合性的大成果，缺乏自主创新的关键技术，也直接导致了高校科技成果就近转化数量少，院校助推园区产业能量没有得到有效释放。

3.应用型拔尖科技领军人才严重缺乏

园区各院校科技创新的关键在于要有一支高素质的人才队伍，然而，高职和中职院校由于研究条件差、待遇低，人才流失较为严重。近年来，园区院校每年都有科研人员流出，并且以副高级以上职称科研骨干和技术后备力量流失为主。随着职业院校对科技发展的要求，学术拔尖人才和学科带头人、新兴学科和交叉学科的高素质人才更显得缺乏，阻碍了职教科技园区各院校的科技创新。

(二)提升株洲职教科技园科研能力的建议与措施

1.提高职业院校专业和园区产业匹配度

利用园区电子信息教育资源优势，规划开建动漫、软件外包和创意类等高端产业基地，园区院校可以直接为各新兴产业提供具有创新和应用能力的高素质人才和技术工人。另外，院校也可根据产业需求，为企业定向培养各级各类人才，可使园区毕业生对口就业率获得保证。

2.拓宽科研经费来源

主要申请应面向市厅级应用课题，同时应积极立足园区企业，通过横向课题形式，解决企业生产实际中的问题，更好地为地方经济服务。

3.开展科研体制机制创新试点

选择一批研究基础扎实、条件较好的课题组，开展综合科技创新试点。园区、院校和行业企业三者结合，通过校际合作、校企合作等方式，大力推动科技成果转化。

4.着力培养科技创新领军人才

一是加强人才培养和引进，吸引一批具有领先水平的创新型、应用型科技专家。二是建立人才激励机制，以完善工资分配激励机制为核心，健全符合园区职业院校科研单位特点、体现岗位绩效要求的收入分配与激励制度。三是建立科学的评价与考核机制，扭转目前重论文数量轻生产应用，忽视与产业需求相结合的倾向。四是通过培养校际联合、校企联合等形式多样的攻关团队，形成分工协作、优势互补的应用型科技创新组织方式。

五、株洲职教科技园各院校职业技能鉴定情况

职业教育是我国教育的重要组成部分，在国家战略转型发展中，提供大量的高素质技术技能人才，对经济的创新发展发挥的作用越来越大。2019 年 1 月 24 日发布的《国家职业教育改革实施方案》(国发〔2019〕4 号)提出到 2022 年，职业院校教学条件基本达标，一大批普通本科高等学校向应用型转变，地方政府要按规定制定落实职业院校生均经费标准或公用经费标准。这些政策性导向给高职教育发展带来了广阔的空间，再加上随着"互联网＋""物联网＋""AI＋"等新业态的发展，以及人工智能、大数据、云计算等新兴技术的应用落地，这些都为高职教育的发展带来新的机遇和挑战。

(一)职业院校职业技能鉴定的必要性

职业教育的定位是以服务为宗旨，以能力为本位，以就业为导向。但从近年来的实际就业情况来看，就业比例、对口率、薪资水平等不容乐观。通过大量的调研分析，我们发现，要想真正实现高职教育的角色职责，提高学生的就业数量和质量，完成能力价值转化，满足企业的岗位需求，就必须在实际的人才培养过程中贯穿和落实学生的职业素养和职业能力培养，使学生能够切实

具备就业竞争力、岗位适应力、创业技能。尤其是"职教二十条"中开展"1＋X"证书制度试点工作的推出，职教科技园各院校由于一直实施"学历证书＋职业技能等级证书"专业人才培养方案，努力申报"1＋X"证书制度试点工作。其中湖南铁路科技职业技术学院获得国家物流管理"1＋X"证书制度试点工作。职业技能培训和职业技能鉴定将会成为培养学生职业素养和职业能力的有效途径之一。

(二)职教科技园职业技能鉴定的现状与问题分析

1.认识不到位，有效投资和顶层规划缺乏

随着政策倾斜和高考制度改革，李克强总理的政府工作报告中提出2019年高职院校扩招人数100万，高职院校学生规模逐年增加，根据教育部提出"1＋X"证书制度试点工作，参加职业技能鉴定的人次和鉴定规模总体扩大。但是我们通过调研发现，还有学校对这项工作没有给予足够的重视，基本上是复用学校的资源，为鉴定考评工作设立临时机构，没有专门的、独立的部门，没有专职的考评员，而是由教务人员和兼职考评员实施考评。有的院校甚至没有做普及性的宣传，导致学生对职业技能资格并不了解，甚至一线的专业教师对职业技能鉴定都知之甚少，学生没有参与的积极性，老师没有指导的动力，部分学生会错过在校期间的职业技能鉴定，逐渐形成恶性循环，导致学校看不到成效，对宣传、师资、考评设备的投入不足，更没有长远的战略规划。

2.与市场脱节，鉴定项目、题库、考评手段陈旧

近年来，新的应用技术不断涌现，行业结构也发生了变化，市场对职业院校毕业生的需求规格也呈动态调整。由于学校缺乏专门的师资团队研究和跟进市场的需求，导致鉴定项目处于服务范围窄、项目少的不良状态，再加上院校发展规划中，对职业技能鉴定的预算资金不足，职业技能鉴定项目难以扩大，培训内容和培

训质量更新不及时，题目题库更新频率低。而企业的岗位要求每年都在随着市场变化而更新，这就导致院校的职业技能培训和鉴定的内容与市场需求严重脱节。另外，职业技能培训的部分师资，缺少实际的企业和产业相关经验，对新的工具、设备不了解，学生在受训过程中遇到问题不能得到实际解决，达不到职业技能实训的目的，不能与企业需求无缝对接，从而使学生获得的鉴定资格证书含金量低，得不到企业的认可。

3. 与教学实践分离，与教学内容契合度不高

随着卓越校、特高校等品牌专业建设的推进，各个高职院校都在人才培养模式和课程改革上下足了功夫，取得了可观的成效。然而，我们根据调研，发现大部分院校并没有真正把握好职业技能鉴定这个校企合作的纽带、实践教学的枢纽，将职业技能培训的内容与实际教学内容相融合的学校并不多见。这样使得职业技能鉴定和实际的教学、就业、创业完全割裂开来，学生很难在日常的课程学习和实训中感受到职业技能鉴定的作用，对其的认识也处于被动状态。

4. 鉴定师资不够，培养路径不足

在职业技能培训与鉴定工作中，师资队伍同样是重要因素，影响着其工作开展的成效，但由于认识不够，认可度不高，导致大部分院校职业技能鉴定没有固定的师资团队，其工作归属于行政工作，由教务人员和兼职人员担任。这也是高职院校职业技能鉴定工作的瓶颈所在。

(三)职教科技园各院校职业技能鉴定工作改革的策略与方案

1. 加强宣传、提高认识、完善制度，实施运营性策略

针对专业老师对职业技能认定了解不够，从而导致学生认可

度不高的情况，需要充分利用微信公众号、移动端应用等新媒体针对不同的专业群体，宣传相应技能鉴定的内容、特点、层次，尤其要告知职业技能鉴定证书的用途，提高师生对职业技能鉴定的认识。在此基础上，严格落实"双证制度"，实施职业技能鉴定教师责任制。另外，应该做好顶层规划，坚持"放水养鱼"的原则，根据学校师资和设备情况，实施运营性策略，开展对外的技能培训和鉴定业务。

2. 结合职业技能鉴定，融入校内、校外实训基地建设

高职院校的定位就是为社会输送高素质技术技能人才，人才培养过程中的实习实训体系不完善也将影响学生专业技能、双创意识的提高，严重制约人才培养质量的提升。为了有效解决问题，职业院校应该在具体实施过程中，加强校企合作的同时，积极探索将职业技能鉴定工作融入到校内、校外实训基地建设中，促进教学与实践的融合，并在课程实习、顶岗实习等环节中促进学生实践能力的培养和工作经验的积累，实现学生职业素养与企业岗位需求的无缝对接，从而更加有效地提高职业技能鉴定工作的含金量。

3. 完善教学体系，将职业技能认定与教学有效衔接

职业技能鉴定工作除了融入实训实习之外，还必须融入各职业院校的课程教学体系，才能使职业技能鉴定工作的效用得到全面发挥。比如每一年的人才培养方案中要突出职业技能证书在整个学业过程中的重要性，并体系化地给出相应的指导课程。另外要在不同的学期，设置相应的技能课程，并适当改革多元化教学方法，促进学生职业技能和职业素养的培养与转化，为学生职业技能鉴定考核起到辅助和推进作用。

4. 拓展渠道，迭代培养职业技能鉴定师资队伍

各院校对师资的培训力度不断加大，"双师"的比例也在不断加大，职业技能鉴定师资团队也需要相应的配套师资。为了能够有效提高职业技能鉴定的成效，培训师和考评师不但要具有理论水平和能力，还要具有企业实践经验，以及对市场和新技术的跟踪学习能力。鉴于目前高职院校该工作现状，为了打造这样的师资队伍，我们应该拓展渠道，坚持"专兼结合，逐步内化"原则，招收一线的企业专家，形成混合团队，同时输送有能力的师资到企业一线培养，逐步形成一支稳定的高水平职业技能鉴定师资团队。

六、株洲职教科技园各院校专业对接产业情况

习近平在党的十九大报告中提出："完善职业教育和培训体系，深化产教融合、校企合作。"这既是对职业教育的要求，也为职业教育的发展指明了方向。"产教融合、校企合作"是高等职业教育立足点，也是高等职业教育服务社会经济发展的出发点。近年来高职院校通过专业设置与区域产业结构的相对接，直接服务区域社会经济发展，为地方培养急需的技能人才。纵观当前的高职院校，那些专业特色明显、专业设置与本地产业结构匹配度高的院校，往往取得了较好的办学成果，体现出很高的办学活力。课程体系是专业的核心要素，所以建设对接产业的课程体系是专业对接产业的基础。

(一)专业设置对接产业结构中存在的问题

目前，职教科技园 10 所职业院校中共开设专业 229 个，其中重点专业 78 个，具体如表 3 - 4 所示。其中，面向第一产业的专业布点数为 6 个，占总数的 2.6%；面向第二产业的专业布点数为 89 个，占总数的 38.9%；面向第三产业的专业布点数为 134 个，

占专业布点数的 58.5% 。可见，园区各院校的专业设置具有较强的适应性，突出了市场导向。但是从全园区整体布局来看，各行业需求与专业设置数、人才培养人数、规格方面存在以下几个问题：

表 3－4　2019 年职业教育科技园园区院校开设专业情况统计表

院校名称	统计内容	
	2019 年专业数量	重点专业数量
铁道职院	35	4
铁科职院	25	19
工贸学院	21	5
化工职院	40	6
商技学院	16	6
有色职院	20	13
中医高专	16	2
汽车职院	30	12
职工大学	15	3
幼儿师范	11	8

1.专业设置市场调研不足，缺乏科学论证

各院校专业设置存在短期行为，市场化倾向较为明显，缺乏科学的整体规划，一定程度上存在随意性、粗放性和盲目性。各院校为了抢夺生源，在市场调研不足、师资情况不佳、课程建设未动等情况下盲目设置专业，导致专业同质化现象严重，而区域特色专业的带动效应发挥不够明显，加大了高职院校专业建设的成本，增加了毕业生就业压力，影响了专业可持续发展，更不利于区域经济的良性发展。

2.专业设置与产业结构匹配度不够

产业结构制约专业结构，专业发展要适应产业发展。为了能很好地适应地方经济发展，各院校不仅要调整专业结构，还要在优化专业结构上加强研究和作为，在专业设置上要有前瞻性，不仅要增加个别紧缺人才专业的招生规模，还要增加与新兴产业相对应的专业。

3.专业整合优化有待加强

各院校在专业设置中存在一味求全求大的问题，使得专业特色很难凸显，耗费大量的精力、财力和物力，使专业建设不够聚焦，反而阻碍了品牌和特色专业建设的步伐，削弱了专业在社会上的影响力。事实上，学校的专业设置不必贪大求全，而要精益求精。结合区域产业，立足本校基础，发挥优势专业的特色带动作用，把工作重心调整到建设好两到三个大类专业上，突出区域产业特色，及时调整、优化、升级和提高专业设备、实训基地、产教融合的建设。

4.专业内涵建设有待提高

立足专业，对接产业的产教融合机制不完善，一些院校存在专业定位模糊、专业软硬件建设滞后、教育教学改革力度不大、教育质量不高、社会影响力不够等问题。部分专业建设缺乏稳定性，一些传统优势专业和一些老专业不能及时根据社会经济发展的需要进行调整和升级，影响了高职院校人才培养的质量。

(二)专业对接产业的主要途径

1.专业结构必须与产业结构进行对接

园区各院校的发展必须顺应社会产业结构的变化，学校应该根据地区经济中的产业结构、产业政策、产业发展和人才类型四方面的需求，来即时调整专业的结构。

2.专业的设置必须与就业市场需求进行对接

毕业生的就业率从一定程度上可以反映出学校的教育教学质量，体现出专业设置与经济社会发展及毕业生就业市场之间的融合度。一方面，通过专业数据的采集、毕业生跟踪调查、招生状况的分析以及用人单位的反馈意见，学校可以全面审视内部的专业现状。另一方面，学校可以根据就业市场的新要求，即时调整专业人才培养模式和课程体系，形成专业设置与就业市场互动的良性机制。这些可以从以下四个方面入手。

（1）制定产业所需的专业人才培养方案和培养模式

园区各院校应该协同行业主管部门和企业共同构建和完善人才培养模式。企业是技术创新的主体，而高等职业教育是中国高等教育的重要组成部分，培养生产、建设、管理、服务第一线的专科层次的高素质技能型专门人才是高职教育的根本任务，而校企合作培养应用型人才是当今世界职业技术教育的通行模式和实现人才培养目标的必由之路。而科研机构是知识创新的源头，行业对技术创新的需求往往比科研人员更加强烈且目标更加明确。一方面，由行业专家、企业技术人员、专业教师三方协同制订人才培养方案。对行业企业的人才需求进行充分的调研，经过反复的论证，最终确定专业高职人才的培养目标，根据行业企业发展的趋势及变化对专业课程进行设置，建立并及时调整专业人才的培养方案，以保证人才的培养方案与模式始终处于产业需求的最前沿。另一方面，由行业专家、企业技术人员、专业教师三方协同制定课程标准，对专业课程进行标准化建设。最后，由行业专家、企业技术人员、专业教师三方协同对专业核心课程教材进行编写。坚持专业基本知识与产业生产实际应用相结合的原则，以提高学生专业生产技术与经营能力为原则，将基础专业理论、传统技术与最新专业理论、技术和方法相结合，从而更好地为专业教学和行业生产服务。

（2）师生对接职业岗位，工学结合推进教学建设

学校应该鼓励教师对接主干产业的职业岗位，建立全院专业教师下企业的制度，形成对接职业岗位的良性机制。一方面，通过结合岗位开展的企业调研，让教师自身增强产业转型的意识，也让教师更加准确地把握了产业发展的新技术和新要求，以便让专业教师把对接企业岗位的收获更好地结合并运用到课程教学中，丰富其教学内容，提高教师的教学与动手能力。另一方面，专业教师带着项目下企业或参与企业项目研究、技术改造的同时，学生也可以跟随对接主干产业职业岗位，这样的工学结合形式不仅丰富了教学形式，也可以得到更为有效的学习效果。

（3）积极发展双赢的校企合作办学模式

学校不仅可以派遣专业骨干教师融入产业的发展中，对产业发展与人才需求进行调研，提出更加切合实际的专业发展建议与教学举措，加强学校专业与产业的对接。学校也可以聘请一些行业、企业专家担任兼职专业教学带头人或顾问。通过调研工作，针对区域产业中对高技能人才的一般需求以及对高技能创新、创业人才的特殊需求，学校可以筛选出适合的地方企业设立订单班、企业冠名班、创新创业班等，以合作办学的模式培养出高技能创新创业人才以及为企业定向培养的急需人才。在合作企业的选择方面，应该尽量选择生产过程包含专业的核心内容、管理规范，并能提供学生多岗位多层次发展机会的规模相对大型企业，以使学生理解掌握专业知识和技能水准的重要性，也能看到员工能力的发挥空间以及通过个人的努力能够带来的价值体现，同时也为学生毕业后在相关企业就业和发展打下较好的基础。通过这样的无缝对接，实现"实习与培训双向基地、教师与技师双向兼职、学生与员工双向培养"的校企合作办学模式。

（4）加强对毕业生的就业跟踪调查工作

就目前不少高职院校的情况来看，学校自身的管理机构如招

生就业办以及专业教学归口管理部门虽然对毕业生的就业情况在进行长期的数据采集，但是这样的毕业生跟踪工作由于受其他需要即时处理的诸多烦琐事务工作影响，往往流于形式而没有得到足够的重视。学校管理部门应该充分认识到毕业生的就业跟踪反馈对学校良性发展的重要性，建立更加有效的内部跟踪机制并让毕业生的数据采集及其他反馈结果在教学及专业的建设方面发挥更大的指导作用，建设第三方人才培养质量评价指标体系。为进一步做好学校人才培养质量的评价工作，使评价体系更加立体、全面，学校领导层应该积极拓展办学思路，建立由用人单位行业协会、学生及其家长等利益相关方共同参与的第三方人才培养质量评价制度，将毕业生就业率、就业质量、企业满意度、创业成效等作为衡量专业人才培养质量的重要指标。通过分析学生(毕业生)、教师、管理人员等有关学习(培训)、教学、工作等方面的信息，为教学质量管理、招考办法改革、专业设置优化、人才培养方案制定、课程调整创新、办学成本核算、制度设计等提供科学依据。

3. 积极发挥科研优势紧密对接行业发展

学校应该利用自身的科研优势，将专业教师的科研项目融入课堂教学。让学生成为教师的科研助手，参与到教师的课题项目中。通过这样的教学方式锻炼学生的科研能力、创新能力和问题解决能力，从而提升学生的综合职业能力，将研究、生产、经营贯穿于整个学习过程之中。作为职业院校，为了培养能够更加适应产业需要的专业人才，应该密切联系行业。学校不仅可以派遣专业骨干教师融入产业的发展中，对产业发展与人才需求进行调研，向学校提出更加专业的发展建议与教学举措，不断加强学校专业与产业的对接。学校不仅可以聘请一些行业、企业专家担任兼职顾问，也可以聘请某些行业、企业专家作为兼职教师积极参与学校的教学工作。学校可以根据各专家不同的具体情况，为学生上课、做专题报告或担任顶岗实习指导教师甚至专业带头人，从而保持学生学习内容与行业动态的密切联系，让学校的专业教学与产业需求做到尽可能深度的融合。

七、株洲职教科技园各院校产教融合发展情况

随着时代的发展，人才培养的要求也在提高，职业院校在人才培养中不仅需要重视学生对理论知识的掌握，同时也需要注重其对实践操作能力的锻炼，这也推动了产教融合在高职院校中的应用。而为了更好地促进产教融合的应用就需要高职院校正视当前的困境，并积极地进行分析和研究存在的问题。只有找出具体有效的解决对策，才能充分发挥产教融合的应用价值和效果。2017 年，国务院办公厅印发《关于深化产教融合的若干意见》（以下简称《意见》），《意见》指出，"深化产教融合，促进教育链、人才链与产业链、创新链有机衔接，是当前推进人力资源供给侧结构性改革的迫切要求，对新形势下全面提高教育质量、扩大就业创业、推进经济转型升级、培育经济发展新动能具有重要意义。"

（一）职教科技园各院校产教融合发展存在的问题

1.园区各院校专业设置与区域经济产业发展不相适应

当前，大部分院校不顾自身办学资源和条件，不研究区域经济社会产业发展需求，不实际调研企业人才需求，热衷于追逐热点，追求规模和数量，专业设置带有盲目性，专业设置与区域产业发展脱节，关联度不高。一方面，传统的办学模式根深蒂固，大部分专业在课程设置、办学模式和师资力量上已不能适应产教深度融合发展需求，专业集群不足，缺乏行业特色，对行业动态发展的研究存在缺失，学校不愿意脱离原有的"舒适区"进入专业改革的

"阵痛区"，依靠自身的惯性力量调整难度大，持续发展能力不足，导致人才培养质量不高，专业对口就业率和就业质量不高，人才培养与产业人才需求出现脱节，造成各院校专业设置与区域经济产业发展不相匹配。另一方面，随着区域经济社会发展和产业的转型升级，企业对人才的需求不断出现新的变化，即使各院校在初期对市场人才需求做了正确的预测，开设了相应的专业和课程，培养对口人才，但是传统的高职教育人才培养具有长期性、稳定性和系统性特征，而技术升级迭代和产业转型发展使得市场对人才的需求变化快，各院校人才培养供给侧仍然难以适应产业需求侧的发展。因此，高职教育产教融合需要政府、学校、行业协会、行业、企业之间建立有效的产教融合沟通机制，构建动态的专业设置调整机制，引导各院校调整办学模式和人才培养方向，使各院校专业设置与区域经济社会产业发展相适应。

2. 合作机制不健全，合作关系不紧密，企业参与积极性不高

尽管各级政府和教育主管部门专门为深化产教融合出台了若干政策，也充分认识到产教深度融合在高等职业教育发展中的重要作用，但是作为产教融合的主体企业的参与度不够，缺乏"产"的融入，实际运行流于形式，停留在表面，无法持续，大部分的产教融合仅停留在"在校培养、在企实习"的简单层面，没有真正实现"产教融合"。行业企业缺乏积极性的原因是多重复杂的，下面从几个方面进行分析。

（1）企业对产教深度融合对促进产业发展的重要性认识不足

企业作为产业的主体，是以追求经济效益为目标的经济活动体，更关注短期内以最小的投入获取最大的收益；而高等职业教育人才的培养是一个长期的过程，短期内无法获取收益，无形中增加了企业的资源和时间成本，企业参与培养的人才是否能给自己带来长远的效益无法估计，与企业追求的目标背道而驰。大部分企业认为，人才培养是学校的责任和义务，而企业的责任和义务是为社会提供产品和服务，因此不愿意付出额外的成本参与到学校人才培养的过程中，更愿意从市场上招聘合适的人才。

（2）企业对目前职业院校所培养人才的技能认可度不高

企业在进行人才招聘时十分重视人才所掌握的技能与岗位匹配的程度，以减少再次培养的成本。而当前，由于高职院校人才培养过程较为封闭，校内的教育教学和科研活动与企业的产品生产和提供的社会服务需求脱节，缺少企业参与学生的培养和考核，缺乏企业参与设计和开发的具有较强操作性和针对性的项目，导致所培养的学生理论知识较弱，实践能力也不强，可持续发展能力差，企业对高职院校培养的人才的技能不信任，难以满足企业岗位的需求。

3. 合作主体间权责利不对等，缺乏利益均衡保障机制

国内高等职业教育产教融合的发展起步较晚，在理论和制度保障层面已滞后于产教深度融合实践所面临的需求。虽然已出台相关文件，但这些文件的具体性、明确性和全面性不够，没有明确各利益主体间的"权、责、利"，缺乏基于契约约束的利益均衡保障机制，实际层面缺乏可操作性。

产教深度融合涉及职业院校、企业、行业协会、政府等多元主体，各主体的权利、职责、目标追求、育人理念都不尽相同，都以自己的价值取向与行动作为出发点，没有将合作各方摆在平等的位置，在合作过程中无法做到求同存异，实现多方共赢。在实际执行过程中，一些合作主体的"权、责、利"不清晰、利益诉求不对等，进而引发合作关系中权利争夺、责任推卸、自己利益唯大等不良行为，导致矛盾纠缠不清，合作育人无法进行或敷衍了事，产教深度融合可持续性差，产教融合的主体间凝聚力不足，企业和具体实施的教学部门陷入被动和无所适从的状态，等等。要解决上述问题，需要合作主体之间以契约的形式将合作中的"权、责、利"明晰列出，双方尊重契约精神，按契约行事。

（二）职教科技园各院校产教融合发展路径及对策

由于职教科技园各院校产教融合发展在实施过程中存在诸多问题，要解决这些问题，需要综合考虑多方面的因素。

首先，各院校作为办学主体，需要对区域产业整体发展规划和具体行业企业的岗位人才需求进行深入调研和分析，根据产业需求侧调整院校人才供给侧的培养目标和方向。同时，专业设置、课程体系和教学过程要与企业的岗位需求、职业能力标准、生产过程相互衔接，健全高职院校自身专业办学的动态调整机制，使高职院校的整体发展规划与区域经济产业的整体发展规划相匹配。

其次，要从根本上厘清产教融合中政府、院校、企业、行业协会等多方利益主体的"权、责、利"，兼顾平等互惠互利的原则，构建完善的区域高职教育产教深度融合运行机制，实现多方主体间利益的共赢，促进产教融合高效、有序地开展和持续发展。

1.人才培养链主动对接产业链发展，建立专业办学动态调整机制

随着区域经济社会发展和产业转型升级，现有高等职业教育人才培养模式所培养的人才难以满足产业转型升级对人才的需求，这就要求高职院校办学要面向市场，主动服务区域产业的调整与发展，通过"校协企"等产教融合组织平台，更加深入地了解产业对各类人才的需求情况，职业岗位对人才技能水平的要求。在市场的宏观调控下，不断适应产业不同发展阶段的需求，建立专业办学动态调整机制，专业设置与改革紧跟产业结构调整、课程改革紧随产业技术进步，通过不断调整内部人才培养要素，如优化专业设置、完善课程体系及修订人才培养方案等，保持与区域经济社会发展的平衡。

（1）根据产业发展，优化专业设置

产业发展的转型升级必然会导致对人才类型和层次的需求发生变化，高等职业教育产教深度融合的目的之一就是提升高职院校人才培养与区域产业发展人才需求的匹配度，这就要求各院校建立专业办学动态调整机制，优化和调整其专业设置。首先，要求各院校根据区域相关产业的发展及产教融合合作企业、行业协会等对人才的需求类型设置专业。其次，专业的设置要充分考虑区域经济相关产业的职业岗位群的发展和需求情况。最后，专业的设置、调整与优化要避免专业设置的面过窄，尽量考虑专业的宽口径设置，加强各院校的专业适应性。

（2）根据职业标准，完善课程体系

课程体系是人才培养的基础，是实现职业院校人才培养目标的前提和基本条件。高等职业教育产教深度融合的目的之一是要实现专业课程体系与职业标准的有效对接。因此，各院校需要根据企业职业标准，构建本院校的专业课程体系，专业课程内容要与职业能力标准匹配。首先，各院校专业要以就业为导向，根据相关专业对应企业岗位需求，有针对性地设置专业课程体系。其次，要根据企业岗位所需的职业能力标准设置专业课程内容，同时需保证课程内容具有一定的先行性特征。再次，各院校的专业教学过程要与企业岗位的工作过程相结合，提高实践教学的比例。最后，各院校要及时调整和更新课程体系和课程内容，提高学生职业能力培养的针对性。

（3）根据市场需求，提高办学灵活性

高等职业教育产教深度融合的目的之一是要实现职业院校专业教学方法的转变。要根据市场需求，借助产教融合办学模式，改革现有教学模式，加强项目教学法、任务驱动教学法等实操性强的教学方法的应用，使高职院校内教育教学、科研活动等与企业产品生产、提供社会服务等活动融为一体，提高学生的实践能力。同时，要由校内教师和企业行业专家组成的双师型教学团队共同参与教学过程。此外，要定期安排学生到校内或校外产教融合实训基地进行实习实训，让学生可以接触到真实的生产环境。

2.构建有效的产教深度融合运行机制

构建职业院校产教深度融合的有效运行机制，职业院校需要积极探索体制机制的创新，在发挥校区空间资源和区位优势的同时，以契约方式保障产教融合校企双方权益，探索基于校内外产教园区的实践教学管理改革，构建以"利益契合"为纽带的治理结构和运行机制，形成利益共同体，实现传统"管理"向教学"治理"的转变。

(1)建立牢固的产教深度融合平台，创新办学体制机制

各院校要整合汇聚行业协会、企业、兄弟院校、政府等优质资源，探索建立校企合作办学联盟理事会、职业教育集团、职教联盟等新型办学模式，同时发挥自身的强势专业群、人才资源汇聚和地域空间的优势，摒弃传统的合作关系松散、随机性大、可持续性不强校企合作形式，与行业协会、企业、政府机构共建科技产业园区、产教园区、创业园区，服务育人与服务企业并重，通过构建园区，形成牢固、黏合性强的产教深度融合平台阵地。

(2)构建有效运行机制，保障产教深度融合有效运转

各院校可以通过政校企合作，盘活校区的资源，共建科技产业园区、产教园区、创业园区，引企入校，以契约方式构建产教融合运行模式，实现各院校内教育教学、科研活动等与企业产品生产、提供社会服务等活动融为一体的高质量人才培养模式。在园区运营过程中，围绕培养学生职业能力持续提升这一核心，构建有效的运行机制，保障产教深度融合有效运转，搭建实训与创新创业、教师成长与提升及企业发展的校企共赢发展平台。

制定阶梯级的入园运行机制。在园区初期运营阶段，通过附带条件设置入园门槛和制定优惠政策，吸引与园区各院校自身办

学定位和专业群发展规划相符合的优质企业进入园区，带动相关企业进入园区，形成一定的产业聚集，共建校企协同创新中心等研发机构，在短期内提升园区的经营规模、效益和社会效应。当园区运营上正轨后，根据区域产业升级转型发展和学校优势专业群发展的需要，通过提高进入园区的门槛，不断优化进入园区企业的结构，为园区的可持续发展夯实基础。

资源配置契约约束机制。对进入园区的企业，提供专门的实习实训场所、实训设备及必要的耗材、学生所需的实习实训工位和教师挂职锻炼的岗位，企业方引入项目，组建创新创业团队，带动形成良好的创新创业氛围，校企共建协同创新中心，共建科技创新团队，共同申报纵横向课题，解决企业技术难题，申报相关知识产权，提升科技成果转化率等。园区内校企双方的上述行为通过契约的方式加以约束，以确保学生生产性实训及教师社会实践、科研活动的有效开展。

制定入园企业淘汰退出机制。坚持引入与学校自身办学定位和优势专业集群相吻合的产业入园，依据人才培养链对接产业链原则，通过淘汰退出机制淘汰一批与高职院校自身专业群发展定位不符合的企业。要求进入园区的企业必须为学生提供职业能力训练岗位，安排行业专家指导教师教学和进行专业课程设置。对已进入园区的合作企业，当企业的业务发生变化并与学校自身专业群发展定位不符，不能满足学生实习实训要求时，对相关企业要坚持实施淘汰退出机制。

制定学生技能训练递进机制。与进入园区的企业共同制定学生技能等级。根据企业岗位的职业能力等级，将能力等级层次分成若干个递进等级，对学生进行递进式的分类训练和激励。结合实训计划安排，分阶段、分层次、递进式地持续提升学生的工作技能，并颁发给学生技能等级证书。

制定产教融合评价考核机制。每年对进入园区的企业所提供的实习实训岗位的技能训练成效、课程建设成效、创新创业成效、校企共同申报横纵向课题、协同创新中心相关知识产权产出、科技成果转化等产教融合要素进行综合评价。

制定产教融合相关利益主体激励机制。各院校应设立专项奖励基金，用于奖励在产教融合方面做出成效的院系、专业、企业、行业协会、教师等相关利益主体，发挥相关利益主体的主观能动性，提升高职院校产教融合成效。同时，对在产教融合方面做出成效的入园企业，通过一事一议制定专门的优惠政策，在项目申报、资金方面给予扶持。

八、株洲职教科技园服务经济社会发展的成功经验和存在的问题

(一)园区服务株洲经济社会发展现状及主要做法

1.园区院校总体情况

园区规划总占地面积13.9平方千米，整体包括"一城十校、三馆五中心"，突出教育、研发、服务、居住4大主题功能。现园区在校学生76720名、教师3807名，其中有博士40名、教授116名、副教授927名。2018年毕业生人数达到21028名，就业率达到93%。2018年培训82562人，计划2019年培训77119人。现园区院校共设专业229个，10所院校根据其专业特色设有重点专业共78个。学校实训基地(中心)共有556个，其中校企共建的有230个。目前园区院校共有25个名师工作室，20个大师工作室，3个院士工作站(分别是铁道的刘友梅院士工作站、铁科的丁荣军院士工作站、汽职的李德毅院士工作站)，申请专利达到523项。

园区院校与 1388 家企业建立了合作，开设订单班 410 个，培养了 37916 人；开设现代学徒制班 35 个，培养了 1319 人；国际办学合作项目达到 135 个，其中"一带一路"项目培训 1820 人。

园区多元化办学体制初步建立，行业企业参与面不断扩大。校企协同育人、协同创新、协同发展格局基本形成，学校和企业基本建立长期、全面的战略合作关系。职业教育服务经济发展和产业升级能力明显提高，专业设置围绕株洲五大千亿产业集群的重点优势产业，为株洲经济社会发展培养了大批高素质应用型人才。

2. 主要做法及成效

(1) 学科专业建设与产业集群相适应，服务地方经济发展

近年来，职业教育贴近本土区域经济发展需求，我市致力同步规划产教融合与经济社会发展，园区院校紧紧围绕市委市政府战略部署和区域内五大千亿产业集群等特色优势产业，调整专业结构，做大优势专业，做强特色专业，做精支撑专业，产教融合更加深入，初步形成了"产业引导职业教育，职业教育引领产业"的产教融合、校企合作互动格局。其中湖南铁路科技职院和湖南铁道职业技术学院主要对接我市轨道交通千亿产业群，湖南汽车工程职院对接汽车千亿产业群，株洲工业学校（职工大学）对接服装千亿产业群，湖南工贸技师学院对接航空千亿产业群，中医高等专科学校对接医药产业，湖南化工职业学院对接生物和化工产业，湖南有色职业学院对接有色冶炼和硬质合金产业，商业技师学院和幼师学校对接商贸餐饮和旅游服务产业，实现了职业教育专业建设与我市五大千亿产业和其他重点产业、特色产业全覆盖。

湖南铁路科技学院深度融入我市轨道交通产业链，紧密对接轨道交通运输车务、机务、工务、电务、车辆、供电"六大系统"，构建了轨道交通车辆运用与智能制造、轨道交通电力牵引与机电技术、轨道交通运营与物流管理、轨道交通信号与通信技术、轨道交通工程与建筑技术"五大特色专业群"。湖南汽车工程职业学院

按照"把专业(群)建在产业链"上的总体思路,结合株洲重点产业和特色产业,在做大做强优势专业的基础上,加大专业调整力度,先后完成了三次大的专业整合与系部调整,撤销 8 个汽车产业无关专业,新增适应社会需求、满足地方产业要求的新能源汽车技术等 10 个汽车产业相关专业,建成了"新能源与智能汽车、整车与零部件制造、汽车营销与服务"三大特色专业群,全面深入地服务区域汽车产业发展,增强了专业的适应性和学生就业的针对性。

(2)校企协同育人,打造多元办学体制

园区院校以培养"德技兼优"技能人才为目标,深化"校企合作、工学结合"办学制度,推进职业学校和企业、行业联合,同园区联结,大力发展校企双制、工学一体的技工教育。深化全日制职业学校办学体制改革,引导企业深度参与职业学校、高等学校教育教学改革,多种方式参与学校专业规划、教材开发、教学设计、课程设置、实习实训,促进企业需求融入人才培养环节。

在技术性、实践性较强的专业,全面推行现代学徒制和企业订单班教育。园区院校与上千家企业建立合作,开设订单班 410 个,培养了 37916 人;开设现代学徒制班 35 个,培养了 1319 人。今年湖南铁道职业技术学院被教育部确定为"现代学徒制"改革试点单位,学校紧随轨道交通产业定制化人才培养需求,主动与轨道交通产业的龙头企业中国中车深入合作,积极与铁路局、地铁公司、博众精工等企业开展人才培养,创新"订单培养""校企双向双主体订单式""现代学徒制""工学交替"等满足轨道交通产业的多样化人才培养模式需求。湖南铁路科技职业技术学院与企业联合探索现代学徒制,打造"动车组卓越机械师""复兴号高铁乘务班"等特色班,与广州地铁、长沙地铁等国内 34 家城市轨道交通企业开展持续稳定的订单、定向培养,做到哪里新建地铁,订单就到哪里。株洲市职工大学探索与实践以"厂中校,校中厂"为载体的现代学徒制教学新模式,了解服装行业市场新动态、人才培养新需求，以提高学生技能水平为目标，按照"学生→学徒→准员工→员工"四位一体的人才培养总体思路，实行三段式育人机制。

搭建校企合作平台，组建职教集团。园区院校积极对接企业、行业，以专业为纽带、院校为龙头、行业企业为骨干，对接株洲重点产业，组建了职业教育集团。湖南工贸技师学院自二十世纪末开始，率先尝试"校企合作、共同培养"模式，先后与中联重科、三一重工、南车电机、北京汽车、广汽菲亚特、鸿扬家装等知名企业建立长期合作关系，联合省内现代制造技术行业龙头企业、职业院校组建了"湖南（株洲）现代制造技术职教集团"。商业技师学院则于2014年，牵头成立湖南株洲湘菜产业职业教育集团，联合近40家省内知名餐饮企业和省内17所职业院校以及行业协会，实现"名企＋名校"的品牌战略，形成"1＋1＋N"的产学研合作育人机制，初步建成"共享、共融、共赢"的校企合作办学模式。湖南铁道路科职院也依托"湖南省示范轨道交通装备制造职教集团""中国中车大学"两个平台，与多家企业开展合作。

国际合作交流加强。园区院校积极响应国家政策，开发符合国情、国际开放的校企合作人才培养和协同创新模式，参与配合"一带一路"建设和国际产能合作。湖南铁路科技职业技术学院积极服务国家"一带一路"，倡议通过"借船出海""结伴而行""质量护航"等系列措施，致力走出一条具有中国特色的铁路职教发展之路，实现国际教育从"引进来"到"走出去"，从"能办学"到"办好学"的转型升级，名副其实地成为"一带一路"建设的开路先锋，也成了湖南职教集团走出国门的"探路者"。2015年加盟8个国家的30余所高校组成的欧亚交通高校国际联合会，8月成为中国－东盟轨道交通教育培训联盟的首批成员单位，9月承办亚非拉10国铁路官员中国研修培训班；2019年3月28日，湖南铁路科技职业技术学院与中车时代电气股份有限公司共建的国际电气培训中心揭牌，意味着株洲推行企业新型学徒制试点项目正式启动，培训班学员中有来自泰国的首批留学生、马来西亚的第 9 批 DMU 铁路教育培训项目的学员。有色金属学院积极引进海外优质教育资源，开展国际战略合作。近两年学院先后派出 7 名教师赴赞比亚等非洲国家开展中资企业外方员工（2017 年培训 50 人，2018 年培训 30 人）以及中方员工的培训（2017 年培训 10 人，2018 年培训 10 人）；与赞比亚卢安夏技工学校战略合作，共同建设中赞职业技术学院矿业学院；与埃及 Quena 矿业培训中心合作，承担该中心改造升级。

　　建立健全就业服务体系，以市场为需求导向，提升学生就业服务质量。园区院校也培养了大批高技能人才，在毕业学生中，成为著名技能大师的有 56 人，湖南工贸学院毕业的杜婕更是在各种技能大赛中屡次获奖，2014 年荣获中华总工会"全国五一劳动奖章"和"湖南省劳动模范"称号；铁路科技职院毕业的张峰嘉在 2016 年被授予"全国青年岗位能手"荣誉称号。而在构建高质量的就业创业工作体系上，湖南铁道职业技术学院则做出了有益的探索，将就业创业教育纳入专业人才培养方案，并建设课程资源，推行"一年一层次、三年不断线、理论 + 实践"的就业创业教育模式。学校设立就业创业专项经费，专款专用。学生就业创业经费实现逐年增长，均超过年度应收学费的 1%。同时学校积极争取政府、社会等多方经费支持，2016—2017 年学校争取省财政等部门就业经费147.7 万元，争取株洲市财政就业创业专项经费 170.5 万元。

　　（3）校企协同创新，构建强大校企合力

　　学校与企业科研院所围绕产业关键技术、核心工艺和共性问题开展协同创新，加快基础研究成果向产业技术转化。到目前为止，园区院校已申请专利技术达 523 项，建立了 3 个院士工作站，校企共建的实训基地有 230 个。其中汽车工程职院专利就已有

192 项，如朱双华、胥刚老师联合发明的"一种汽车 CAN 总线仪表检测仪"中国实用新型的专利，张文彬、左春平发明的"一种汽车修理举升机"中国实用新型的专利等。今年，湖南铁路科技职业技术学院适应轨道业发展的升级需求，开展产学研合作，创新服务平台，与株洲长河电力机车科技有限公司联合研制的"长河号"特种载人有轨电车，在学院轨道交通共享实训基地经过测试，各项性能均达到设计标准和用户要求，正式下线并交付使用。而按照政府主导、企业参与、院校合作共建的模式，校企共建实训基地，促使学校教学环境与企业现场环境完全同步、学校文化与企业文化有机融合。目前工贸已拥有校企共建实训中心 2 个、学校单独实训中心 30 个、市外实训中心 32 个、市内实训中心 16 个，可满足每年 1 万人次短期培训需求。汽车职院先后与中外名企共建上海通用汽车 ASEP 项目湖南教学中心、保时捷汽车 PEAP 项目教学中心、北京汽车售后服务人才（BSEP 项目）培养培训中心、宝马汽车售后英才教育（BEST）项目湖南教学中心、上海大众 SCEP 项目、长安福特 STWP 项目、安卓学院、齐配集团人才培养培训基地等校企育人基地。2016 年，又与沃尔沃汽车和特斯拉汽车签订协议，共建校内人才培训基地。目前，通过校企合作和政府主导方式正在建设的重点实习实训基地还有 12 个，建成了覆盖汽车类专业的校内外生产性实习实训基地，基本满足汽车类专业高素质技术技能人才培养需求。

（4）组织活动，搭建平台，促进校企间的交流合作

一是以"株洲职教杯"系列竞赛活动为契机，培养、挖掘和宣传技能人才，推动校企合作。从 2017 年组建"株洲职教杯"系列竞赛活动组委会以来，园区已开展了 10 次大型比赛活动，不仅加强了院校间的交流，同时也提高了教师的教学技能水平和学生的实践能力。二是开展"技能大师进讲堂"活动，通过邀请各企业的劳模技能大师走进园区院校，用劳模自身经历和工匠精神激励学生

学习和创业热情。三是在园区院校与企业间设立"双师工作室"（大师工作室、名师工作室）。在学校和企业之间搭建一个相对稳定、充满活力的沟通交流与合作的平台，加快职业院校和行业企业高素质技术技能人才的培养步伐，促进学校教师的实践教学水平的提升，充分发挥双师工作室带徒传艺、科技创新、技能推广等方面的重要作用。四是成立株洲市职业教育讲师团。整合株洲市职业教育优质资源，充分发挥各职业院校优势专业和教学名师在职业教育、职业培训方面的积极作用，推进株洲市职业教育发展，为全市企业，尤其是中、小、微企业职工，退伍军人，残疾人，转岗职工职业培训提供服务。

（二）园区服务株洲经济社会发展存在的问题

1.存在"学校热、企业冷"现象

由于育人过程的合作难以取得直接快速的经济回报，学校愿意与企业合作，但很多企业还没有认识到自己也是人才培养的主体之一，还仅仅满足于就业合作，因此合作积极性不高。究其原因是多方面的，主要有：一是现有产教融合、校企合作的政策，如补偿机制、用人机制、税收优惠机制等没有形成，企业积极性不高；二是如何调动和保护企业参与人才培养过程的措施不健全和后续政策不明朗，企业利益优先驱动致使校企合作的随意性大，导致企业不愿深度参与育人过程合作。

2.经费投入保障不足

近几年，我市把发展职业教育摆在了突出的重要地位，将职业教育经费全面纳入公共财政预算，并及时足额拨付到位，职业院校办学条件有较大改善，但仍然难以满足职业教育快速发展的需要、产教融合深度发展的需要、学校实习实训和创新发展的需要，严重制约了职业教育教学质量的提升。一是园区部分院校规模的扩大受到限制，如原有校区规划面积无法充分满足招生规模

扩大的需求,相关基础设施建设不到位。二是实训条件跟不上教学需要,主要表现在设备数量不足、设备陈旧落后,"课堂上讲技能,黑板上开机器"的现象仍然存在。以加工制造类专业为例,每年举办的全市职业院校学生技能竞赛,因为学校设施设备有限,一个工种的比赛即使分组也要进行到当天晚上 12 点才能结束。

3. 师资力量薄弱

园区院校普遍存在师资结构不合理,高级教师、博士等师资较薄弱,专业课教师缺乏的问题,特别是园区中职、中技院校,师资力量更是薄弱。各院校集中表现为"双师型"教师缺乏。大部分教师普遍存在"重理论、轻实践"问题,教学过程与生产实践过程相对脱节。

4. 职业学校社会服务能力不强

职业学校专业设置不能与行业职业发展匹配,学校课程不符合专业能力培养要求,学科体系建设与行业人才诉求不协调,社会认同度低,导致在产教融合中无法与合作企业有效服务社会。比如人才培养和产业需求存在着"两张皮"问题:宏观层面教育和产业统筹融合、良性互动格局尚未确立,地方发展"见物不见人",教育资源规划布局、人才培养层次、类型与产业布局和发展需求不相适应,技工、高技能人才需求居高不下,部分高校毕业生就业压力持续增大,人才供需结构性矛盾凸显。微观层面,校企协同、实践育人的人才培养模式尚未根本形成。

第四章

职教科技园服务区域经济社会发展典型案例分析

　　职教科技园区，也称职教城，是现代职业教育规模化、集约化、可持续化发展的一种新模式。截止到 2016 年，全国已建成的或还在建的职教城(园)区有 150 多个。职教城建设已经成为地方政府整合各类职业教育资源、促进地方经济社会发展、创新职业教育人才培养的重要举措。

一. 常州高等职业教育园区

(一)基本情况介绍

　　常州高职教育园属于省市共建，秉承"资源共享、集约发展、内外开放"的理念，以政府为主导、学校为主体，园区统一规划，按照市场化的运营模式，进行园区建设。园区包括高教园区、科技园区和孵化园区三个部分，其中科技园区吸引中科院和国内著名大学建立 31 个研发平台，有省级众创空间 8 家，入驻创新型科技企业近 3000 家；产业园区形成了以新一代信息技术、机器人和工业设计为代表的高新产业集群。

发展至今，常州高等职业教育园区在校生规模已达到 8 万余名，每年毕业走上工作岗位的人数超过 2 万人。为区域经济社会的发展输送了大批高素质技能人才。

总的来说，常州地方政府积极发挥政府职能，园区建设以服务经济社会需求为目标，不断创新体制机制，面向市场形势，内涵化发展，园区已成为地方经济转型发展、产业结构优化的成功典范。

（二）常州高等职业教育园区的成功实践

从常州高等职业教育园区发展的实践来看，园区具有高等职业教育集团化发展的性质和特征，政府在园区建设中具有主导作用。园区从科学定位、规划建设到持续高速发展的过程中，形成了具有自身特色的发展模式。

1. 院校集群建设，协同差异发展

园区在建设过程中，按照统筹规划，选择院校集群建设、协同差异发展的道路，明确定位园区，即打造一流的高职教育基地。通过一系列政策支持，对园区内的高职院校进行统一规划建设，根据职业院校各自的行业特点，差异化发展各自优势特色专业，形成独特的办学特点，形成了院校之间既竞争又合作的组织关系，造就了协同共生的业态，在整体上形成了规模集群建设、协同差异化发展的高职教育园区。

2. 职教资源共享，集约优化发展

常州职教科技园区在建设过程中，始终坚持资源共享、集约发展。在有形的硬件资源方面（如校区空间、基础设施、场馆设备等）和无形的软件资源方面（如师资、课程、服务、管理等）实现开放、共享，减少了投入，提高了资源使用效率，促进了常州职教科技园区的集约发展，提升了园区的竞争力。

3. 创新人才培养模式，谋求内涵式发展

常州职教科技园区坚持内涵式发展，以提高人才培养质量为职教目标，积极推行教学与实践相结合的人才培养模式，以服务区域经济、产业需求为人才培养导向，提升学生实践技能和综合素质，取得良好成效。如将学生职业素养、能力与技能的培养有机结合；将学生的校内学习与实际工作相融合，校内与企业实践双考核；将职业道德、素养融入教学实践全过程。

4. 政校行企协同联动，开展产学研一体化

常州职教科技园区院校发挥人才、技术优势，提供技术开发、技术咨询与服务，与企业合作共建合作平台、实训基地、就业基地。大力引进科研与科技服务机构，促进产学研结合。高层次研发机构和人才资源的集聚，园区的专业建设得到有效提升，为高职院校的教学、科研、师资建设、人才培养注入活力，从而实现了职教科技园区人才培养、科技研发和社会服务互惠共赢。

（三）常州高等职业教育园区建设过程存在的不足

1. 园区管理体制机制的不足

（1）院校管理体制机制的制约

由于实施校企合作的主体——高职院校都是省属高校，常州市政府对高职院校无考核评价的实质抓手。尽管常州市用创新的方法加大了对高职院校的资金投入和政策配套，但由于省级财政

和院校财政两头没有对校企合作工作的投入，极容易陷入校企合作项目经费投入不足，合作任务推进难度加大的困境。

（2）园区建设的考核评价比较欠缺

在现有的针对常州高职院校考核评价指标体系中，对于校企合作工作的细化指标和考评方式需要完善。同样，针对常州高职园区校企合作办学工作，也缺乏实质性的考核评价手段。

（3）产学研合作运行机制不足

从实践中看，园区高职院校与科研机构、行业协会、企业等开展的产学研一体化运营机制尚未完全建立，需要进一步理顺产学研共享的管理体制、完善共享机制、加强资源共享、更新共享理念。

2. 校企合作模式的不足

（1）校企合作组织建设发展滞后

一是职责不明确、管理失当。在校企合作组织组建过程中，地方政府往往利用行政力量而不是市场力量去推动校企间的合作，造成了有些校企合作组织或机构浮于表面，应付了事。二是政策滞后，形式单一。2005年后，全国职业教育校企合作组织的规模不断扩大，进入快速发展的阶段，而地方政府未及时根据国家相应政策制定具体规范，引导解决制约校企合作组织向纵深发展的一系列瓶颈问题。在组建形式上，常州市绝大多数校企合作组织仍以政府供给为主体，缺乏其他供给主体的共同参与。三是竞争壁垒、发展不均。地方政府教育部门对各类校企合作组织还没有建立一个成熟的评价体系。政府对民办职业教育的扶持力度相对薄弱，导致民办校企合作组织在夹缝中求生存，往往以牺牲教学质量为对策，确保运营和持续盈利。同时，地方校企合作组织还容易形成竞争壁垒，相互争夺大企业、大商会和区级政府的支持，难以展开公平的竞争。此外，由于办学理念、师资水平、办学质量、行业产业等因素制约，各类校企合作组织间的差异比较明显，发展还不均衡。

(2)校企合作组织保障手段不足

一是资金投入存在缺口。职业教育是高投入，尤其是引进现代化的生产和教育设备，需要不断有大量的经费投入，园区建设仍须进一步加大对职业教育的投入，引导鼓励多元投资，帮助扶持校企合作组织发展。对于校企合作办学而言，如何调动政府、企业和院校三方积极性，通过合作共建、资源互补、政策引导、专项扶持、企业资助、社会募集等形式解决办学资源经费紧张的问题。二是缺少人才激励政策。缺少引进特殊人才尤其是具备丰富的企业工作经验技术技能人才的绿色通道。无法吸引和挽留专业技术人员或高技能人才，也导致了职业院校既有理论深度又有高技术的专业师资匮乏，往往无法满足合作企业的人才培养、员工培训、科技研发和工艺革新的诉求。三是国家层面配套政策支持不足。在推进校企合作组织建设的工作中，地方政府出台支持政策、搭建组织平台往往是点对点的，缺乏长效性、普适性。应明确企业既是受益主体，也是办学主体之一，在税收和用工等方面鼓励企业参与职业教育发展，以立法的形式推进政府、院校和企业的合作，推动职业教育与经济更好地互动发展。同时，在现代职教体系建设中，应明确针对深度校企合作环境下做政策调整或改革。

(四)常州高等职业教育园区对提升湖南(株洲)职教科技园服务区域经济社会发展能力的启示

1.先进的职教建设理念

常州职教科技园区按照"资源共享、集约发展、内外开放"的建设理念，设立园区管理委员会，入驻园区的院校与管委会没有隶属关系，而是从集团化发展的高度，按照组织化、市场化的运作思路，优化资源配置，实现资源最大化利用，从而服务地方发展。

2. 积极发挥政府的主导作用

常州高等职业教育园区的发展，是政府主导的成功实践。政府主导是一种组织协调活动，其目的是把分散在五所高职院校组织内部的人、财、物资源进行合理有效配置与整合，形成了发展共同体，实现了"有组织的政府主导园区的良性发展状态"，它具有较高的理论价值和实践价值。

3. 实现园区资源开放、共享

在职教城规划与建设中，要充分整合园区职业院校的资源，实现园区资源优化配置与优势互补。从实际情况来看，常州高等职业教育园区的建设，呈现出集约化发展的特征与形态，通过各要素的整合、优化、共享、开放，提升园区整体办学水平。

4. 坚持产学研集群发展

发展需要创新，创新引领发展。园区提出"经科教联动、产学研结合、校所企共赢"战略发展目标，面向国内外引进科研力量，形成产学研合作的教育科研集群。依托优势，职教科技园区建成国家级大学科技园，初步形成一个由高科技企业为主导的企业集群，"积聚"效应初现。科研集群、院校集群、企业集群为常州职教科技园建设注入了活力，开拓了发展空间，实现了互惠共赢。

二、重庆永川职教城

（一）基本情况简介

重庆职教城位于重庆市永川区。2004 年，该区就开始规划建设具有现代化水平和一定规模的职教新城。近些年来，重庆市永川区投入大量资金，围绕城市新区发展这个目标，对现有中高等职业院校进行优化、整合，现有职业院校总数 17 所，职教学生规模已达到 11.9 万人，初步实现了职业教育的规模化、内涵化发展。在职教城建设中，地方政府发挥积极作用，对职教资源进行优化配置，统筹搭建公共服务平台，如基础设施、投融资、招生就业等。永川职教城每年为地区经济社会输送 3 万多名技术人才。丰富的技术人才储备，为永川以及重庆的城市发展提供了新的增长点。

（二）重庆永川职教城的成功经验

在分析重庆职教现有资源基础上，并借鉴国内外职教先进经验，重庆市永川职教城立足城市发展与职业教育相互发展、相互促进，充分发挥职业教育服务地区经济社会发展，形成了全新的、独特的职业教育模式。

（1）职教城建设定位准确

把职业教育当成经济社会发展的重要产业就是永川市政府建设职教城的重要出发点。建设初始，政府就把职教发展纳入到了低反复经济社会发展的总目标中统筹规划。第一，设立重庆职教城办公室。其任务是统筹规划、协调职教城建设中各项工作，如制定优惠政策、为学校发展解除后顾之忧等。第二，设立重庆职教城建设发展有限公司。公司的任务是给职教城配套城市基础设施，承担重庆职教城区域的土地整治和基础设施、公共设施建设。实现职教城区域内各项文体、商业、医疗及社区服务等设施共享。

（2）构建职教产业体系

为适应重庆地区经济转型发展、经济结构调整的现实需要，2000 年以后，重庆就加快建设科技工业园的步伐。在 2003 年启动职教城建设项目时，统筹规划了科技工业园区的空间布局，从而协调职教城与地区经济共同发展，现已形成 6 个工业园区。工业园区都分布在职教城区域内，实现了职业教育与产业互动。

（3）搭建配套服务平台

第一，开展对外合作平台建设。如校企合作办学；紧贴市场，积极开展与行业联合办学；与国内外教育机构推进合作办学。第二，教学指导平台建设。面向市场，合理设置专业；创新机制，加强教学管理；整合资源，开展课程改革。第三，学生就业平台建设。以市场和就业为导向，建立就业服务机制，强化就业培训，为职业院校毕业生就业提供保障。第四，对外宣传平台建设。利用各类媒体和举办各种活动进行广泛宣传，引起全社会的关注，增大重庆职教城的影响力，为职业教育发展营造良好氛围。第五，投融资平台建设。积极进行投融资体制改革探索，多渠道融资。政府通过出台优惠政策，引入现代城市经营理念和市场化运作的机制。

（三）重庆永川职教城发展中存在的问题

重庆永川职教城的建设，由于受地区经济、社会发展、科技水平、教育等多方面因素的影响，另外永川职教城建设模式（城校互动）也是在实践中发展起来的一种新模式，不可避免地会出现一些问题。

1.职业院校专业结构不合理

随着地区产业结构的调整和经济增长方式的转变，重庆职教城中，各职业院校的专业设置结构不合理，与区域定位所要求的人才需求有较大差距。10年来，重庆职教城建设规模尽管快速扩张，但每年培养出来的数万名技术人才，大多输送到珠三角、长三角等经济发达地区。

2.职业教育观念有待更新

职业教育在国内早已上升到国家发展战略，但职业教育在观念上还是一定程度上受到歧视，这不利于我国职业教育的健康发展。由于发展程度差异，欠发达地区职业教育经费补贴相对不足，各层次职业院校办学存在较大的差异性，师资队伍水平参差不齐，在校学生得到的职业教育优质资源分布不均衡，这不利于职教城职业教育体系的健全与完善。职教城职业院校在专业设置上存在与市场相对脱节且协同不够，专业设置趋同，职教资源没有得到最大限度地优化配置。在职教城中的院校学生培养过程中，重理论教学、轻实际操作，技术人才不能有效满足市场需求，不利于地区产业经济的发展。

3.经费限制职业教育发展

职教办学需要较大资金的投入，尤其是师资培养、实训设备采购等方面。而职业教育办学经费不足，多数院校办学条件受到影响，严重制约了技术人才培养的质量。

4.民办职业教育开放程度不足

在重庆职教城院校构成中，民办职业院校与公办职业院校旗鼓相当。但是民办职业院校在办学主体、运作模式、管理体制等方面与公办职业院校存在很大的差异，地方政府对民办职业教育的管理缺乏科学规划与协调，且民办职业院校自身也存在一些问题，如存在虚假宣传，乱收费、高收费，影响了自身形象；民办职业教育经费主要靠学生学费、个人财产投入、社会捐助等运营，面临办学经费不足的问题，在申请贷款、国家资金扶持等支持方面存在困难。

（四）重庆永川"城校互动"职教发展模式对提升湖南（株洲）职教科技园服务区域经济社会发展能力的启示

在如何协调地区经济结构、产业结构与职业院校布局等方面，借鉴永川的发展经验，可以给我们以下启示：

1. 从政府层面来看，应该注意以下六个方面

（1）职业教育发展目标要明确

地方经济、文化和城市建设离不开职业教育的大发展。职业教育能够给地区经济发展提供良好的人力资源和技术支持，从而满足经济社会转型发展的需要。城镇化建设过程中必然要求，在农村劳动力转移的过程中应对其进行有效的职业教育和职业培训，以提升劳动力素质。因此，地方政府要提高社会各界对职业教育的认识，树立正确的职业教育观、人才观、择业观。职业教育只有积极适应区域经济社会、产业发展对技术人才的需求，才能更好地服务经济发展。

（2）要加强规划与统筹

职业教育发展离不开政府的引导与扶持。推动职业教育发展，主要是发挥地方政府的统筹作用。重点是对区域内职业教育的整体规划、资源整合、有序发展和科学管理等方面，协调社会经济与职业教育发展。

（3）完善并落实扶持政策

地方政府作为职业教育的最大受益者，理应成为职业教育的投资主体。主要包括资金投入和政策制度制定。政府在保证职业院校常规性拨款的基础上，增加财政对职业教育的资金投入，设立职业教育发展专项资金，扶持教育攻坚发展。各级职业院校要加大自主资金投入，切实改善办学条件。政府要不断完善各项政策措施，明确对各类型、各层次职业教育和技能培训的项目扶持，推动并促进职业教育快速发展。

（4）积极搭建综合服务平台

强化政府的服务功能，统筹、协调与整合区域内职业教育资源，搭建一站式政府服务平台、投融资平台、招生就业平台等公共平台，提供有效服务，实现资源有效配置。此外，在职教招生、教学、就业等办学环节中，政府相关部门要统筹协调，规范管理。

（5）提升职业教育软硬件建设水平

在硬件上，加大资金支持，主要提供教学和实验室、实训中心等基础办学设施和提升信息化建设设备。软件建设方面，积极引导职业院校以地方经济社会发展需求为导向，教学改革与社会需求相结合，培养实用型人才，服务地方经济。

（6）调动不同主体参与共建

职教城建设需要政府、学校、行业企业等不同参与主体相互协调，形成合力以推动职教发展。"城校互动"从根本上说是职业教育与地方经济社会的深度有效融合。"城校互动"是个开放的模式，不同的主体都可以参与进来，可以开展校政、校企、校地深度合作，实现职业院校与政府、产业、企业、社会的协调和良性互动。通过"政产学研"的有机融合，把人力资源转化为资本，进而推动产业发展，提升职教城办学的综合效益。

2. 从职业院校自身建设来说，应注意以下几点

（1）职业教育专业设置要更加合理

地区内产业结构的升级与调整，必然引起地区就业市场的变化，各职业院校应做好市场调研，基于产业结构发展的实际，主动并适时地对专业设置进行调整，以满足区域经济发展的需要。

（2）创新人才培养模式

服务地区经济产业是职业院校设置专业的基础，技能型或技术型专门人才是职业教育的培养目标。根据产业岗位要求的核心能力确定课程，还须建立通识课程以满足专业服务和学生素质拓展需要。此外还要从职业院校自身实际和学生需求出发，提供可选择的人才培养方案，形成多元化、层次性的课程体系。

（3）推进产学研一体化

首先，职业院校满足区域经济需求；其次，积极提供行业、企业所需的技术应用研究和开发、成果转化等服务；最后，在开展以研促教、科研服务社会的同时，坚持与育人相结合。

（4）提升职业教育办学观念

职业院校在发展过程中，要立足地方特色，放眼国际化，不断提炼职业教育的精神文化，提升办学的核心竞争力，推动地区经济、社会和文化的协调发展。

三、贵州清镇职教城

（一）基本情况介绍

为加快发展贵州省现代职业教育事业，拓展职业教育资源，培养适应经济社会发展需求的大批技术技能人才，2012 年，贵州省委、省政府决定在贵阳清镇市建设职教城。清镇职教城规划总占地面积 80 平方千米，分为时光校区和乡愁校区两个板块，以国内一流、世界知名为建设目标。截至 2016 年底，完成总投资 140 余亿元，建成校舍面积 300 余万平方米，已有 19 所职业院校入驻，入住师生 8 万人。到 2017 年底，清镇职教城已入驻院校 19 所，在校学生规模超过 10 万人，为省内 1000 多家大中型企业培养输送技术人才。清镇职教城为贵州地区经济社会的快速发展提供了有力的人才支撑，促进清镇市、贵阳市乃至贵州省的社会经济转型发展。

（二）贵州清镇职教城建设的成功经验

1. 在清镇职教城规划及建设中，政府发挥主导作用

（1）加强统筹协调，做好规划设计

省、市、县三级政府支持职教城强化融资、建设、管理、服务、实训等功能，职教城管委会统筹入驻院校及其他公共资源，完善

管理服务机制，搭建后勤服务、物业管理、资源共享的大平台，为院校办学、产业发展提供优质服务和有力保障；统筹完善教育、居住、产业、生态环境等功能布局，推动入驻院校和产业项目等规划，更加注重山体、河流、林地、绿地、水体等自然生态保护，实现统筹规划、综合开发。

（2）完善基础设施，落实扶持政策

加强财政经费支持。各级各部门大力支持，将职教专项资金及财政社会公益事业投入资金打捆整合，用于职教城水、电、路、气、垃圾处理及污水处理等配套基础设施建设。按照省校省管、市校市管原则，职教城省属公办高职院校实行生均拨款制度，省级财政补助省属入驻职教城院校征地费用的50%，教学行政用房建筑费用的60%，全额负担新增学生仪器设备及图书购置费用。入驻院校开展老校区置换，入驻院校老校区土地收益省、市分享部分按收支两条线办法全额返还用于学校建设。清镇市人民政府按照职教城控制性详细规划，推进职教城淘宝电商产业园、时光贵州、云梦空园小镇、乡愁贵州等城市服务配套项目建设，满足职教城师生及居民生产、生活、实训、就业需求。

（3）加大财政金融支持，畅通投融资渠道

为切实解决制约项目建设的资金"瓶颈"问题，清镇市委、市政府将职教城土地整治及基础配套设施项目列入招商引资项目，通过建立多元化的招商投融资机制，多渠道解决资金不足问题。如探索组建清镇职教城建设发展基金，发挥政府资金引导作用，撬动各类社会资本投资职教城建设。支持金融机构积极与职教城相关学校合作，加强金融创新，通过资本市场拓宽融资渠道，通过债券融资、股权融资、资产证券化等方式为职教城建设提供金融支持。支持各类社会资本投资职教城项目，积极推广运用 PPP 模式开展项目合作。支持各类创业投资基金、天使投资基金落户职教城，推动高校学生创业创新。

2. 推进产教融合发展，完善配套服务保障

（1）强化产业发展

积极落实相关政策，支持企业入驻职教城发展，推动各类创业基金、高端科研基金、中小企业科研基金、风险投资基金等在职教城投资相关产业，通过职教城绿谷产业园推动大数据应用、互联网金融、服务外包、现代电子商务、健康医疗研发、高端装备制造、铝镁精深加工、高端磨料磨具制造、现代文化旅游、现代高效农业等产业发展。充分依托职教人才优势，同步引进网购生态城等70个产业项目入驻职教城，为职教城职业院校人才培养与需求无缝对接提供了有力支持，开启了校地合作共赢的发展新格局。

（2）开展技能培训

政府按照国家有关政策优先支持职教城入驻院校构建紧扣产业、错位发展、动态调整的专业体系，确保专业设置适应经济社会发展需求。政府通过投入财政专项资金、引进社会资金等方式，支持贵州省职业教育公共实训中心建设。公共实训中心面向企业、院校和社会各界提供公共实训服务，承接各级各类职业技能竞赛。在职教城入驻院校推行职业院校（技工院校）学历证书和国家职业资格证书相结合的"双证书"制度。以职教城公共实训中心和入驻院校为主体，全面开展职业教育精准扶贫及技能培训工作。

（3）深化校企合作

省教育厅、省人力资源社会保障厅对符合条件的入驻院校申请加挂"技工院校"牌子、申报建立职业技能鉴定站等给予优先安排，到2020年基本形成技工教育与职业教育更高层次融合，实现职业技能鉴定工种、鉴定等级全覆盖。企业因接受实习生所实际发生的与取得收入有关的、合理的支出，按现行税收法律规定在计算应纳税所得额时扣除。现已促成职教城十多所院校与省内外400余家企业达成校企合作。

3.推动职教改革，创新人才培养模式

（1）加强师资队伍建设

入驻院校实行"编制到校、经费包干、专兼结合、自主聘用、动态管理"师资队伍建设制度；将入驻院校引进名师工作纳入"百千万人才引进计划"，经评审认定后享受相关奖励和支持；健全教师专业技术职务（职称）评聘办法，在职业学校设置正高级教师职务（职称）。省教育厅支持入驻院校职业教育科研教研队伍建设，加强校长培训并落实五年一周期教师全员培训制度，落实教师企业实践制度并提高科研能力和服务社会发展的水平。

（2）创新人才培养模式

紧扣全省产业发展需求，引导职业院校面向产业和就业办学，调整专业结构。按照《贵州省深化教育领域综合改革实施方案》要求，对入驻院校系统构建从中职、专科、本科到专业学位研究生培养体系给予优先支持；对入驻院校推行项目教学、案例教学、工作过程导向等教学模式和开展强化以育人为目标的实习实训考核评价给予政策、资金等方面支持。对入驻院校开展校企联合招生、联合培养现代学徒制试点和推进校企一体化育人机制建设给予项目、资金等方面倾斜支持。

（3）建立开放共享办学模式

依托职教城聚集优质职业院校优势，建立教学共同体，实现优质师资共享、实训资源公用、信息互通、课程互选、聚集办学、集团发展。率先探索发展适应需求、相互衔接、多元立体的现代职业教育，引领带动全省职业教育改革发展。

（4）鼓励联合开放办学

积极支持入驻院校，引进国内外著名、优质职业教育机构合作办学。对入驻院校引进高水平海内外专家按现行政策给予支持，鼓励与省内外职业院校教师互派、学生互换，合作办学、结对共建。

（5）加强对外交流合作

积极承办对外教育交流等相关活动并开展职业教育改革经验与成果交流，积极与其他中外职业院校开展培训、鉴定和教学科研项目，探索开展国际劳务合作，扩展职业院校毕业生对外输出渠道。

（三）贵州清镇职教城对提升湖南（株洲）职教科技园服务区域经济社会发展能力的启示

1.立足区域经济发展，推进职教城建设

职教城建设要以产业引领、规模聚集、基础配套、城校共建为目标，以"优质、快速、安全、特色、节俭、廉洁"为建设方针，职教城入驻院校根据办学规模规划和职业院校设置标准，实行"统一规划、分步实施、滚动发展"，不断探索完善"学校筹资先建、政府贴息贷款、上级专项奖补、老校置换还本"的建设模式。政府推动职教城路、电、水、气、通信、环保等基础设施建设和城市配套建设管理。

2.创新管理体制，落实职教城各项工作

完善的组织管理体制是职教城健康、可持续发展的重要保证。政府应建立多主体参与专门的职教城管理机构，对职教城建设进行统一规划协调、统一指导、统一管理。要理顺职教城内的各方关系，赋予不同主体应有的地位和职能，明确不同主体的责、权、利，兼顾多方利益。要逐步打破各职业院校间教育资源分布的壁垒，实现职教资源互补共享，实现资源的优化配置。

3.争取各项经费支持，全面助推职教城建设

设立省级职教专项经费，重点用于支持职教城建设。以贷款贴息、以奖代补等方式对职教城入驻院校建设补助经费。参照大学城土地购置、贷款贴息、建设还本等政策支持职教城入驻院校

建设。按照省校省管、市校市管的原则，从每年的省级财政预算中支付省属院校土地购置经费。

入驻院校主管部门将技能人才培养纳入本部门经费支出预算，设置专项经费支持所属院校建设。入驻职教城院校，要积极自筹资金加快新校区建设步伐，同步启动城区老校区置换工作，用于归还银行贷款和承建方债务。

以职教城基础设施建设和校舍建设项目申请国家财政支持，积极争取国家中等职业教育基础能力建设、职业院校实训基地建设、国家级示范性职业院校建设、职业院校师资队伍建设、中央职业教育以奖代补、行业部门人才培养培训等专项经费支持入驻职教城院校建设。

4. 加强政企社联动，拓宽投融资渠道

积极引入社会资金、企业资金进入，多渠道拓宽融资平台。职教城招商引资依托城产教景融合发展的定位，探索产业招商"选校、选专业、选实训厂房、选合作伙伴"的新型模式，走集约用地、节约用地、盘活存量、资源共享、优势互补的新型职教城招商模式。

第五章

提升职教科技园服务株洲市经济
社会发展能力的对策和建议

一、完善组织设计，优化行政结构和效率

任何组织的形成、完善和运行都是一个动态变化和逐步完善的过程。因此，我国职教科技园在组织结构顶层设计方面应该提前考虑入驻院校的隶属关系、办学类型、办学层次、自身特色以及职教科技园本身的发展定位、发展方向、发展目标等基本情况，同时也要考虑职教科技园受当地经济社会发展、人文地理环境等外部因素的影响。职教科技园必须具有将入驻院校联结起来的组织

机构和成熟的运作方式，如此才能将职教科技园从一种纯粹的地域性概念切实地转化为一个规范的文化教育实体。职教科技园是各个入驻院校之间资源共享的公共管理和服务机构，是一个政府、中介机构、入驻院校共同参与的多元主体，各参与主体之间是相互联系、相互依赖、相互合作的关系。各参与主体通过不断调整各自行为，在共同协商的基础上共同管理公共事务，共同追求公共利益的最大化和整体利益与自身利益的协调。

职教科技园管理机构组织模式的选择与设计是促进校际合作和资源共享的有力保障，科学合理的组织机构可以提高职教科技园的运行效率和效益，在更大程度上促进职教科技园校际资源的高效共享。通过建立职教科技园管委会，设计比较完善的网络式组织结构，可充分发挥地方政府组织协调、政策支持、服务和管理的职能。建议职教科技园管委会在行使管理权时不宜涉及各个入驻院校内部一般性行政职权的干涉和实施，确立自身服务与协调的角色定位。同时，职教科技园管委会通过各级政府纵向委托、授权和园区各利益相关者横向分权协作，建立职能综合、机构精简、灵活高效的矩阵式组织结构。

（一）建立校际资源共享的矩阵结构

建立职教科技园管委会的矩阵结构有利于打破垂直型直线管理结构信息收集和传递方向单一化、直线化的弊端，促进信息资源在不同评级主体之间更好地传递和利用，实现资源更大范围的共享，让信息资源得到充分合理的利用。虽然目前职教科技园入驻各院校在组织结构形式上是按照行政级别的垂直直线式、事业部式和矩阵式等不同组织结构形式，但是大多数院校的组织管理体系都是基于垂直直线式的组织结构。职教科技园校际实现校际资源共享主要涉及院校之间各类教学、数据库、图书等资源的横向共建、共享和相互开放。因此，职教科技园必须建立校际协调的横向组织系统或组织单元，即校际矩阵式组织管理和沟通交流体系。所以，为了充分实现职教科技园入驻院校之间的资源共享和协同发展，建议株洲职教科技园可以从六个方面着手完善横向组织管理形式。

1. 成立校际资源共享委员会

由于株洲职教科技园入驻各院校分属于不同的主管部门，建议各入驻院校积极争取上级主管部门的支持，成立校际资源共享委员会。校际资源共享委员会的组成结构为各入驻院校上级主管部门、地方政府分管部门、各入驻院校等单位或部门领导共同组成，其主要职责是负责制定株洲职教科技园院校之间资源共享的顶层规划、政策设计和制度安排，负责解决和处理各入驻院校之间资源共享中出现的重大问题。在这方面的案例有重庆市教委牵头成立的"重庆市大学城院校教学资源共建共享工作领导小组"，该领导小组具体负责重庆大学城各院校之间资源共建、共享方面的主要事项，在各个院校之间的沟通和协调方面发挥了重要作用。校际资源共享委员会下设协作组，协作组下设办公室，各层级机构组成人员都是由政府机构和各个院校派人参加。校际资源共享委员会负责调控和干预大学城区域内各院校之间资源共建、共享、共管的主要事宜，协调各成员单位之间的利益，对大学城各院校之间实现资源共享、减少重复建设和资源的高效利用起到了重要作用。

2. 强化管委会职能

职教科技园管委会可以是当地政府的一个行政性机关或者派出机构，也可以是由职教科技园各入驻院校、政府主管部门、相关投资主体、企事业单位等多种利益主体共同按照一定的组织原则选派代表组成的非行政性公益机构。职教科技园管委会首先要立足于自身的服务功能，因为管委会一般与各入驻院校之间没有垂直的管理或隶属关系。管委会与入驻院校其实是一种以服务为基础的管理关系，管理权限一般只限于各院校内部事务之外的事宜，两者之间更多的是一种协调、沟通、整合关系。在遇到相关问题时，管委会与各入驻院校就相关事务进行协调和协商，在一定的原则基础上达成一致的行动意愿，形成共同执行的原则。有院校管辖权的政府部门（如湖南省教育厅、株洲市人民政府）可以通过部分授权的形式，将管委会作为横向服务园区院校的一个职能部门、派出机构，通过管委会对园区院校进行横向服务、协调校际关系、管理公共事务，特别是对园区院校的教育资源进行统筹协调，促进各院校之间的分工协作和资源的柔性配置。

3. 建立自治性协调机构

职教科技园各入驻院校之间由于没有隶属关系，是处在平等地位上的办学主体。在这样的主体之间一般需要按照民主、平等、自愿的原则建立自治性的组织，大家根据自身的利益和整体利益在相关问题上的平衡来达成一致共识，共同遵守相关规章制度。在遇到重大变故时，相关规章制度可以在协商一致的情况下进行修改和适当调整。同时，可以根据各入驻院校的业务需要建立专业学术委员会、资源共享委员会、教学委员会、教材建设委员会、图书馆资源共享联盟、学生联合会、后勤服务联盟、科研工作委员会等自治性机构。这些委员会可以定期或不定期召开工作会议协调各个院校相关工作中存在的问题，统筹协调各种共享合作事宜，对各种共享合作事宜进行决策，组织职教科技园资源的柔性整合，在各类资源的开放共享、合作开发、共建共管等各种工作中发挥应有的作用。

4. 成立资源共享专门协作组、工作组、项目组

职教科技园各入驻院校可以联合组建相关专业的课程资源、图书资料资源、教师师资资源、实验实训资源共建共享工作组，建立互联网硬件基础设施、继续教育资源、教育教学资源、学生与后勤管理等专门的协作组、工作组或者项目组。这些小组的主要职

能是执行职教科技园管委会、资源共享委员会、各类专门委员会以及相关协调机构做出的决策，负责相关资源共享项目的实施以及具体工作的落实，全面听取各入驻院校师生的意见和建议，及时对相关工作进行调整以及改进各项方案。

5.成立资源共享公共服务平台和中介服务机构

株洲职教科技园要实现校际资源整合和共享，需要建立相关的资源共享平台，在资源共享平台上先把各个院校的优质资源进行整合、分类、打包。对各院校提供的优质资源可以按照在不同院校之间的使用量的差异进行适当收费，这样既让资源拥有方有动力拿出自己的优质资源与大家共享，又可以减少大家重复建设的费用支出。笔者建议，可以根据每年各院校提供资源的使用量和自身使用其他院校的资源量的差额进行结算。在此基础上，各个院校将端口接入共享平台，根据自身需要分类，充分利用好相关资源，提升各院校优质资源的利用效率和收益。同时，在资源整合的过程中，还可以引进专业的中介服务机构参与，发挥中介服务机构在现代信息化管理方面的优势，让资源的收集、加工、管理、利用更加具有效率，从而改善株洲职教科技园入驻院校在项目协作方面的管理方式，实现校际优质资源共享的跨校协作管理的信息化。

6.建立校际资源共享联席会议制度

由于株洲职教科技园各入驻院校各类资源的所有权归属各院校，各院校的主管部门又各不相同，在资源的共享过程中牵涉资源的产权和收益权等问题，这些问题不是某一个院校自身可以自主决定的。在资源共享过程中，各院校首先要报各自主管部门审批，审批后才能按照程序进行资源共享，如在资源共享的过程中牵涉资源共享的成本和收益问题，就需要院校主管部门、各个院校和资源共享平台运营方共同决定是否共享。建议株洲职教科技园管委会、教投公司、各院校主管方和各院校联合建立校际资源共享联席会议制度，定期召开各类资源整合、共享的联席会议。通过召开不同类型和层级的联席会议，加强株洲职教科技园资源共享相关问题的研究，提出资源共享的顶层设计和发展规划，制定不同院校之间资源共享的政策，保障各类优质资源在不同院校之间的合理配置，协调各个院校在优质资源共享过程中的利益关系。

（二）形成株洲职教科技园管理的网络式组织结构

我们最常见的垂直直线式、事业部式和矩阵式组织结构都有一个共同的特征，就是按照管理层级的高低呈现出金字塔式的组织形状，从塔尖最高级别的领导到塔底最基层的员工，分成若干层次，因此也被称为层级结构。这种结构的组织模式越往顶层组织机构越少、人员也越少，信息的传达是从上到下一级一级进行，信息的收集和整理是从下到上一级一级报送，在信息的传达和收集过程中只要中间任何一个环节出现问题，就会出现信息传达不畅的问题。这个问题在政府和学校这种以首长负责制的单位中是最常见的，这就为这类组织的管理效率提升带来了大量的问题。

这主要是因为在这种金字塔层级结构中，不同级别的层级部门、员工之间信息的上传下达只能在直接联系的上下层级之间进行传递，不能跳级或越级，只要其中一个层级的信息传递不畅或失真，就容易导致不同层级信息传递缓慢和信息失真。解决这个问题的办法有两个：一是通过规范设计的信息传递的指挥链、依托各自的上下级进行直接的信息传递进行联系；二是下级部门在上级领导部门的授权范围内进行直接的信息传递或联系。在垂直直线式、事业部式组织结构中，一个下级部门只能对应一个上级部门。在矩阵式组织结构中，一个下级部门可能同时对应两个或两个以上的上级部门，所以，矩阵式组织结构中信息可以较为迅速地进行横向传递，各平级部门可以及时进行沟通、联系和协作。

但是，在矩阵式组织结构中要依靠指挥链进行信息传递，当上级双重或多重领导之间发生信息传递障碍时，仍然需要依靠部门的不同上级之间进行沟通或协调，才能保障信息传递的效率和质量。

随着信息处理和传输技术不断取得进步，目前在各类组织机构中信息传递呈现技术网络化、沟通和协调网络化的趋势。不同组织机构之间、各组织机构内部各单元或工作人员之间，通过互联网信息技术的联结而变成信息传递网络结构中的一个个结点，各个结点之间可以直接进行信息的传递、沟通和交流，这使得各类组织机构可以快捷而高效地收集、整理、传输、交换、共享和利用各类信息，不同部门之间可以进行协同办公、管理和学习，而且这个过程不再受上下层级之间指挥链的约束。信息传递技术的网络化、沟通和协调的网络化，使得各类组织机构在结构上的网络化成为可能。随着信息传递技术的快速发展，各类组织机构呈现扁平化、柔性化、虚拟化和无边界等特点。这种网络化的组织机构，其内部各单元之间通过节点和线路相互链接，减少了内部管理的层级和层次，扩大了每个部门的管理广度和深度，提高了整个机构的管理效率，让整个组织机构出现了扁平化特点。在这种网络化的组织机构中，组织内部各个单元、内部人员之间可以灵活调整、变动。为了组织机构共同的目标、项目和任务，来自不同职能部门、不同组织单元的人员可以整合在一起组成项目团队，共同完成特定项目或课题的工作任务。围绕工作任务，项目团队可以迅速而灵活地组合、重组和解散，使组织机构呈现出团队化的特点。这种网络化的组织机构通过互联网化的信息链接，可以不受工作时间、工作空间和人员等实体形态的限制，可以突破传统组织机构的界限，不设具体的实体部门，使组织机构呈现出虚拟化的特点。通过减少管理的层次、扩大管理的幅度和范围，可以使组织机构的结构向扁平化方向不断发展，从而提高组织机构之间、部门之间和员工之间信息传递、沟通交流和管理服务的效率，降低组织机构的运行成本。这种组织机构的松散化弱化了传统的指挥链信息传导模式，虚化了等级层次之间的关系，打破了部门之间沟通和协调的障碍，扩大了管理范围，使组织机构信息传递呈现无边界特点。

网络共享硬件或软件环境在信息资源的收集、整理、分类、使用、调配、评价和反馈等方面担任着重要角色，是信息资源的主要传播者。在国外很多院校十分重视网络共享硬件和软件基础环境的建设（例如，美国许多大学城的各入驻院校都会共同建设、管理、共享自己的图书馆网络管理系统），以便能够形成全方位的信息资源的共享体系。职教科技园资源共享组织机构的选择与设计，在考虑校际矩阵结构的同时，应该更多地考虑网络化的信息传递结构。我国职教科技园进行规划和建设的时间普遍较短，信息化、网络化建设和应用的起点水平较高，入驻各院校也都建设了信息化的校园基础设施。网络化的信息传递结构，使得职教科技园各院校之间信息的传输、处理、获得、利用大部分以横向为主。

因此，建议不同院校、不同部门、不同层级、不同个人之间基于信息化的网络工作平台，在平等自愿、自主协商、优势互补、互利共赢的基础上，以职教科技园的公共需求或问题解决为基本导向，以项目任务为基本驱动，以维护各院校共同利益为目标，组建成校际课题组、项目组、工作组和相关团队，并将此作为职教科技园主要的组织模式。这种组织结构以成员之间共同认知、自觉遵守相应的规章为基础，而不是依靠行政管辖、垂直命令为基础进行信息的传达、沟通，依任务的确定而组织工作组和项目组，随目标任务的不断变化而组建、调整和重构组织机构，随着目标任务的完成而解散。当阶段性的任务或者某个专门问题、项目、课题任务出现时，可以跨校、跨部门随时抽调不同单位和部门的人员组成临时的工作小组，依靠这些工作小组来解决某些特定的问题、完成某些特定的项目目标任务，如职教科技园的园区网络基础设施建设、各院校校际图书馆资源的互通互借系统的升级、各院校相类似专业共享实训基地或联合实验室建设方案的编制和建设、各相近学科课题的联合申报(研究)、各类各级别项目的联合申报(开发)等。当这些问题得到解决或项目任务完成以后，这类组织机构就可以随时重构或解散。

(三)厘清地方政府的职责

职教科技园校际资源共享离不开政府的政策支持、组织协调和服务管理。过去十几年我国职教科技园的发展实践也表明，地方政府的统筹协调能力和支持力度与职教科技园校际资源共享的成效成正相关关系。

1.理念更新

株洲市政府在服务职教科技园发展中，应该强化统筹、共享、联动、多元等理念。

(1)统筹

一方面，株洲职教科技园各入驻院校具有一定的独立性，都是独立的办学主体，每个院校都在某种程度上拥有依法自主办学、自己管理内部各类事务的权力。另一方面，株洲职教科技园作为一个整体又具有整体性和统一性，株洲职教科技园建设的价值在于园区各功能要素之间、职教科技园与所在城区之间，形成了相互融合、相互依赖、互相促进、相互作用、功能互补的组织关系。这就需要株洲市政府强化统筹管理和服务的理念，通盘考虑职教科技园各院校的职能，协调园区各院校之间的各方利益，化解职教科技园管委会整体管理和服务与各院校之间内部事务自主管理权之间的各种矛盾，统筹解决职教科技园管委会和各院校之间的相关问题。同时，保障株洲职教科技园的整体良好运行是一项系统性工程，必须按照"统分结合"的管理和服务思路，共性则

"统"、个性则"分",让园区各院校之间形成错位式竞争、差异化发展,让各院校依据自身行业和专业优势走互补性、特色化发展道路;必须运用"统筹兼顾"的方法,实现园区各院校在多领域、多层次、多形式的协调发展与合作共赢,使园区各院校之间形成既竞争又合作的良性关系,进而形成一种"协作共生"的园区文化生态。

(2)共享

株洲职教科技园入驻各院校在空间上集聚在一起,仅仅是株洲职教科技园作为一个整体存在的外在表现,而入驻各院校之间的内外开放、资源共享、集约发展才是株洲职教科技园规划建设目标价值所在。虽然资源共享作为株洲职教科技园规划建设的长远目标已经被普遍认同,但由于园区各院校之间存在既合作又竞争的关系,都具有自身利益优先的内生发展动力,都担心自己的优质职业教育资源被共享后会削弱自身的发展利益和竞争优势。他们更多的是希望能够共享其他院校的优质资源,同时又不希望或不愿意自己的优质资源被其他院校借鉴或共享。由于入驻各院校在各自拥有的职业教育资源数量和质量上存在不平衡性,在彼此存在生源竞争、发展竞争和利益竞争的大背景下,就导致株洲职教科技园推动整体优质资源共享的内在动力严重不足。这就需要政府或相关主管部门作为公共利益的代表和提供职业教育公共服务的主体,在园区各院校之间强化优质资源共享的理念,尤其要探索建立优质资源共享的经济成本、社会成本以及建立完善的补贴机制。同时,要根据具体情况建立完善的优质资源共享的配套政策和利益协调机构,加强对入驻各院校优质资源的柔性整合和科学、高效的利用,集各院校之所长、展各院校办学和专业之特色,在相关知识产权各自所有的基础上通过合理的利益调节实现优质资源的共建、共有、共管、共享,促进园区各院校的集约发展、集群发展、协同发展。

（3）联动

职教科技园入驻院校、职教科技园管理办公室、职教科技园所在社区、城区政府四者应该是一个和谐共生、互利共赢的生态体系。株洲市政府要真正确立各方"联动"管理和服务理念，把株洲职业教育的发展和人才需求支撑、知识创新、园区和区域社会经济发展、发展动力转换、所在区域城市生态环境建设等系统地进行统筹规划，让入驻院校、职教科技园管理办公室，以及职教科技园所在社区、城区政府四方"血脉相连"，共同滋养各入驻院校的发展，滋养社区和城区的发展。就株洲职教科技园内部而言，各入驻院校事实上已经结成了命运共同体，特别是在招生就业、学生管理、公共事务应急处理等事务上，在政府管理机构牵头下建立科学的联动机制显得尤为重要。作为株洲职教科技园各方面关系的统筹协调者、公共服务的提供者和各方利益的协调和守护者，地方政府必须通过建立科学的管理机制强化各方联动，突破各入驻院校、各管理单位条块分割、各行其是、以邻为壑的藩篱。

（4）多元

株洲职教科技园内，各职业院校的办学类型不同、办学层次不同、隶属关系不同、发展特色不同、服务行业不同、对区域经济社会发展的重要性也不同，再加上各院校行政级别的差异、专业发展的差异、办学规模的差异，这些都要求地方政府在尊重各入园院校在办学方面的自主权前提下，明确各管理部门的权责边界，尊重教育事业发展规律、避免越权越位、干涉干扰各入驻院校办学的内部事务。

2. 服务协调

我国实施改革开放40多年来，经济社会得以快速发展的根源在于在社会和经济事业发展过程中不断地去行政化，让各行各业在国家的指导下尽量按相应的规律办事，减少人为和行政干预。目前，国家主义理念下的"全能政府"已不能适应社会经济发展的需要，行政化支配下的教育机构也已经不合时宜。人们已经注意到，政府既能促进相关行业的发展，也有可能制约相关行业的发展。要使政府在各行业发展中起到积极的促进作用，就需要尊重各行业自身发展的规律，避免行政化的人为干预，避免拔苗助长，从而破坏发展规律和发展路径；应该建立起高效且有限的政府，该管的要管好，不该管的要放手。政府只是公共事务的服务者和社会规则的制定者、公共利益的维护者和协调者；政府只是维护公共利益的手段，而不是目的；政府的行政权力应该受到法律限制；政府的行为应该在法律允许的范围之内，并受社会的监督。随着市场经济规则不断完善，政府作为社会公共事务管理者与参与者，向社会提供公共服务和基本的公共产品已成为其主要管理职能之一。

党的十九大中提出"让市场在资源配置中起决定性作用"，同时，将我国政府职能的发挥明确为"经济调节，市场监管，社会管理和公共服务"，提出要加快建设"服务型政府"；教育部也提出要加快转变政府各类职能，在教育领域推行管、办、评分离的目标（教政法〔2015〕5号）。各级地方政府是政府公共服务体系实施的基础，在构建服务型政府的功能中起到了重要的基础性作用。

"服务型政府"的要求，以及我国职教科技园内各院校一般与其所在地的市级、县（区）级、社区级地方政府没有直接的行政隶属关系，这种现状要求各级地方政府在促进职教科技园发展的问题上，要不断转变政府的行政管理职能，弱化直接对各入驻院校进行管理的欲望，要更加强化对各入驻院校的协调与服务职能，明确各级地方政府作为"服务者"的角色定位，协调好职教科技园相关利益主体之间的各种关系，承担起提供公共服务和公共事务管理的基本职责。

虽然株洲职教科技园内的各个院校具有共同的利益，但聚集在一个区域并不意味着能使具有各自独立利益的各个院校团结一致、抱成一团、结成利益共同体。各入驻院校在自身利益优先的内驱动力作用下，必然会直接影响到各个院校在资源共享方面的合理性和充分性。因此，株洲市政府作为超然于职教科技园各入驻院校"私利"之上的社会公共服务的提供者和社会公共利益的守护者，应该在促进株洲职教科技园发展进程中发挥政策支持、制度提供和统筹协调作用。

服务型政府以满足社会对公共品、公共基础设施的有效需求，提供充足、优质的满足社会公众和相关机构需求的公共性产品和公共性服务为最根本的特征。因此，作为服务型政府的直接"客户"，社会公众和公共机构应该有权并能够参与到对政府提供公共产品和服务质量的考核和监管工作中。在服务职教科技园入驻各院校发展的过程中，各入驻院校及其师生是株洲市各级政府的主要服务对象，应该建立起体现株洲职教科技园发展特色的、多元化的各级地方政府服务绩效考核和问责监管政策体系，由原来的以政府内部自我评价、自我考核、自我监督、自我问责为主，向以入驻各院校及其全体师生参与的社会评价、社会考核、社会监督、综合问责为主转变，及时纠正株洲市各级政府在服务职教科技园和株洲市教育事业发展中的越位、缺位、错位现象，全力体现各级地方政府为株洲教育事业服务的能力与水平，有效地促进各级地方政府公共服务意识和服务职能的提升，加快服务型政府的建设以及政府职能的不断转变。

3. 方向引导

从株洲职教科技园各入驻院校办学的主体地位、办学自主权方面，以及各院校在教授治校、专家治学、学术自治、学术自由等方面来进行考量，入园各院校应该在教育法律法规规定的范围内获得更大的办学自主和内部管理的自由，各级地方政府除在主管职权范围内的管理职能外，不应该过分干涉、干扰株洲职教科技园各入驻院校在教师招聘、招生就业、科学研究、实习实训、教育教学、后勤服务等方面的办学自主权。但是，从株洲职教科技园与地方经济社会发展互动的角度来考虑，各入驻院校的办学自主、学术自治与协调统一、抱团发展、共同服务地方发展并不互相矛盾，二者并不存在法律上和逻辑上的非此即彼的排斥关系。地方政府可以引导株洲职教科技园各入驻院校朝着职教科技园当初规划建设的预定目标和服务区域经济社会的方向不断发展。各级地方政府应明确株洲职教科技园在改革和发展中政府、院校、行业、企业、中介机构等各方的责、权、利关系，把株洲职教科技园的发展纳入地方经济社会发展的规划之中，引导各入驻院校在办学方面发挥优势和特色。各级政府应该充分发挥在政策引导方面的作用，如在重大项目和资金审批、专业调整和设置、各类教育资源配置、办学经费投入等方面对实现资源共享的项目、能够实现校际合作的项目给予政策倾斜和资金支持；对于各入驻院校在降低办学成本、提高办学和社会效益、提升教育教学质量、提高服务区域经济社会发展能力等方面具有积极意义的校际合作、资源共享等项目给予适当的政策激励和资金支持。

在各类教育资源的配置上，我国各级教育行政管理部门尚未充分发挥统筹协调的作用，没有充分重视教育资源在不同层级、不同类型教育机构之间科学配置的动态效用。教育行政管理部门已经习惯于根据个别院校的申请和需求来配置各类教育资源，这种教育资源一旦按照行政审批分配下去，就"静止"地固定在某一个院校，成为该院校的"私产"，不能被其他院校共享或进行再次分配，对于如何使优质教育资源在一定时空范围内服务更多的需求者或者优化配置给能够发挥更大效益的使用者等方面考虑得还不够，相关教育资源的"动态"配置机制还没有建立起来。在教育评价方面，我国教育行政管理部门往往过多地参照投入性指标对教育教学质量进行评价，如各个院校的师生比、生均校园面积、生均宿舍面积、生均体育场馆面积、办学硬件达标率、科研成果转化率等；教育评价（评估）的各类指标体系也是依照接受评估的某一类院校而统一设置的。所以，有院校管辖权的地方政府（教育行政部门）在进行职教科技园院校的办学评价时，要尽量弱化各院校对教育资源的占有进行评价，强化对各院校教育资源使用效率的评价，增加对各院校办学产出性指标（绩效性指标）的评价，从而，切实引导职教科技园入驻院校实行开放合作、资源共享，不断促进各院校提高办学质量和社会效益。

4. 资金扶持

株洲市政府可以通过引导各类教育资金向办学效益高、办学质量好、办学资源得到充分共享利用的院校倾斜，发挥地方政府财政资金在促进校际资源共享方面的导向和促进效应，不断加大公共资金投入力度，引导株洲职教科技园入驻院校和企业在资源共享项目方面给予财政扶持，引导职教科技园各入驻院校不断扩大优质教育资源开放共享力度和规模，实现入驻各院校之间办学资源的优势互补和共建共享。尤其是对由政府出资建设的公共共享平台项目，要以该类项目为引导，设立专项经费或财政补贴不断促进各入驻院校相关资源的整合和共享，对参与共享的设备设施的维护维修等日常管理运行经费进行补贴。

株洲市政府应该牵头研究、制定相关支持政策与配套制度，有效引导、促进和规范共建共享项目的建设和运行，并将资源共建共享、产学研一体化成效纳入各入园院校的目标绩效考核，探索对各院校办学的财政拨款与资源共享绩效挂钩制度，将各类财政支持资金向集约化办学成效突出、资源利用效率高的项目和单位倾斜。

5. 公共事务管理

株洲职教科技园是一个职业教育和产教融合的园区，应该作为城市区域经济社会发展的一个有机组成部分来进行建设和管理。职教科技园整个园区的公共基础设施建设和管理作为公共品必须进行市政化,各级政府应该承担职教科技园区公共基础设施的建设规划、设计和统筹管理职责;整个社区的各类公益型事业要进行社区化,各级政府必须承担社区公益事业的组织兴办职责;整个职教科技园区的社会治安、市政绿化、公共交通和卫生等公共事务,必须纳入株洲市政府管理范畴。

株洲职教科技园各入驻院校只需重点负责具体的教学、科研以及人才培养等相关活动,而职教科技园及其周边的社会治安和社会稳定维护问题则由各级政府负责。株洲职教科技园是一个十多万青年学生和高校教师聚集的区域,这一人群的特征和个性决定了在思想、行为上摩擦的概率较大。另外,在人群集中的地方信息传递、思潮传播和情绪波动非常容易形成大面积的"蝴蝶效应",对相关问题处理的时间和空间要求非常高,需要快速而周全的应急处理方案。同时,由于株洲职教科技园建设时没有很好地考虑教师公寓建设,导致大部分教师的居住地点距离所在院校较远。教师"走教"现象成为常态,师生联系、交流的时间和频率减少,课堂以外教师对学生的管理或者影响趋向弱化。这就需要各级地方政府和相关政府部门统筹考虑建立和完善株洲职教科技园重大社会稳定风险评估和出台相应的应急机制。同时,株洲职教科技园开放式管理的格局,使得职教科技园与周边的物流、人流和信息流的交换日趋频繁,职教科技园周边各社区出租房多、市场无证摊点多、娱乐场所多。由于人流密集导致交通隐患多,校园问题社会化和社会问题校园化导致各类安全隐患逐渐增多,将安全事件"拦截于校外"的难度正在不断增加。这就需要各级地方政府统筹协调、明确职责,确保职教科技园各入驻院校、安全保障部门、市场管理部门和其他地方政府职能部门在职教科技园(各入驻院校内部、职教科技园区域内及其周边)公共事务管理上实现协同服务、统筹管理、共建和谐。在株洲职教科技园的社会安全稳定管理的协调方面,可以重点采取三个方面的具体措施:一是以株洲职教科技园管理委员会统筹协调、统一管理为主线，以园区派出所为具体安全业务的主管，以职教科技园各入驻院校安保人员为辅助，以职教科技园周边各单位为协同管理主体，实现立体化、网格化、全方位、无死角的安全管理。在保证株洲职教科技园各入驻院校管理自主权和主体责任实施的基础上，明确各院校各单位管理责任区的范围、对象和目标，实现单位内部属地化单元管理和社会综合网格化联动管理相结合的管理模式。二是建立入驻各院校间、警民间、地方政府管理机构和职教科技园管理办之间的联防、联治、联动的互通机制，如日常安全保卫和其他工作的协调和沟通制度、联合巡逻巡查制度、大型活动安全预案联建机制、网络和群体事件合作应急处理机制等。三是建立职教科技园入驻各院校、安全保障单位、市场管理部门和其他政府职能部门齐抓共管的工作模式。园区派出所应该针对株洲职教科技园的具体特点，重联动、重教育、重服务，将工作重心前移、以预防为主，将警务工作逐步渗透到大学生的意识和日常学习生活之中。

（四）重构职教科技园管委会的角色

1. 身份地位：实行合法性确认

株洲职教科技园管理办公室的管理权限问题说到底是对入驻各院校相关事务及职教科技园区相关事务管理的法制化和合法性问题。对于地方政府及其下属部门对教育机构的管理权限和管理职能的确认，教育法、职业教育法和高等教育法虽有规定但并不明确。根据国家教育事业的发展和服务型政府建设的需要，我国国家层面和地方层面有必要制定一部《教育行政组织法》。《教育行政组织法》是教育行政管理机关得以成立并据以实施对教育机构相关活动进行管理的法律依据，应以立法形式对教育管理机构的管理权限和职责进行明确、规范和分解，明确各级政府及其教育管理部门行使教育行政管辖权的方式方法、范围幅度和具体程序；明确对各级政府及其教育管理部门教育行政权、管辖权的监督和制约，明确监督主体的具体职责、资格确认和权利权限，明确对各级政府及其教育管理部门的监督方式和监督结果的运用。各级地方政府也应改进对各级各类教育机构的管理权限及运行方式，切实改变单一依靠命令式由上而下的行政干预式管理，应该更多地采取行政指导、行政合同等非强制方式进行管理，对教育机构的管理由以过程控制为主转变为以结果控制为主。我国各级政府应结合各地行政体制改革和行政法制完善的具体实施，加强对职教科技园管委会地位和职能的法律化、制度化研究。应该由省级政府统一制定有关职教科技园管委会的条例和规章，明确其法律地位、领导体制、决策机制、职责权限和监督机制等具体内容，并报同级人民代表大会批准和备案；待时机成熟后，以效力层级更高的法律法规将其关于职教科技园管理职能的相关内容固定下来。地方立法对职教科技园管委会的具体职责职权的相关规定，可以根据需要采用授权和委托相结合的方式，在不与上位法相抵触的情形下，可以直接授予职教科技园管委会相应的权力和职责；对于上位法已明确规定属于教育管理部门或其他行政机关的某些职责，可以明确由这些机关委托职教科技园管委会具体行使。

省级政府、人大可以依法制定"职教科技园管理条例"之类的地方性法律法规或规章条例，规范职教科技园各利益相关主体之间的具体职责、权利和义务，把职教科技园管理权限和内容具体化、细则化；可以细化明确哪些教育教学资源可以共享、必须共享以及在资源共享中各利益主体之间具体的权利与义务。有院校管辖权的中央、省级教育行政主管部门应建立起与职教科技园管委会之间的对口业务关系和信息沟通渠道。加强对职教科技园管委会的具体指导和管理，赋予职教科技园管委会或大学城统筹协调、横向服务职教科技园院校的职责职权，尤其是赋予其对职教科技园内各入驻院校教育教学资源实行整合与共享的职责职权；引导并促进形成一个职教科技园管委会与入驻各院校之间纵向联动、横向协作，相互交流、比较借鉴的完整系统或者生态规则。

2. 角色定位：服务者

株洲职教科技园管委会在促进职教科技园发展的问题上，要转变行政管理职能，弱化对各入驻院校的直接管理，强化对相关事务的协调与服务功能，明确职教科技园管委会对各入驻院校"服务者"的角色和定位，协调好职教科技园相关利益主体之间的各种关系，主要承担为园区发展和各入园院校提供公共服务的职责。

虽然株洲职教科技园入驻各职业院校具有某些共同的利益目标，但由于隶属关系、管理层级、办学层次、服务的区域和行业都不尽相同，导致各院校虽聚集在一个区域但不一定抱成团而成利益共同体。各入驻院校之间存在一种竞争与合作并存的关系，存在各自优先追求自身发展利益的内驱动力，这种利益的不完全一致甚至分化必然影响到资源共享、相互合作的开展。因此，职教科技园管委会应该作为超然于各入驻院校"私利"之外的公共服务的提供者、公共利益和各入驻院校各自利益的守护者，在株洲职教科技园发展过程中发挥统筹协调和纵向联系的作用。

由于株洲职教科技园管委会的服务对象主要是职教科技园内各入驻院校和各个院校的师生，因此必须建立起体现职教科技园特色的，将原来以政府教育行政部门系统内自我评价、自我考核、自我监督、自我问责为主，向以各入驻院校及其师生参与的评价、考核、监督和问责为主转变，建立多元化的职教科技园管委会绩效考核和问责监管制度，及时纠正管委会在服务职教科技园发展和入驻各院校发展中的越位、缺位、错位现象，真实体现并有力提升株洲职教科技园管理委员会的公共服务能力与服务水平。

3. 职责职权：协调和协商

由于职教科技园管理的事务是不宜涉及的一般性行政职权和

社会事务，所以职教科技园管委会可以是地方政府设立的一个行政机关或事业单位，也可以是由各入驻院校、政府、相关企事业单位等多种利益主体共同选派代表组成的非行政性的公益组织。职教科技园管委会与各院校之间无垂直纵向行政隶属关系，它们一般就共同利益和相关事务进行协调和协商，在达成一致意愿的基础上执行；而各入驻院校之间的横向关系主要表现为校际竞争与合作的关系，在内外开放、资源共享的原则下，地位平等和相互合作是入驻院校校际关系的主体。

从我国职教科技园和大学城发展的实践来看，职教科技园管委会不宜过多涉及行政强制职权，以及一般性社会事务管理权限，而应强化对园区各单位和入驻各院校进行服务与协调的角色，围绕促进职教科技园内各院校之间的内外开放、资源共享、校际合作、产学研融合，形成协同创新、协同育人的协同发展生态而展开各项工作。否则，职教科技园管委会又变成一个新的行政机构，不仅让原有行政区域和行政机构失去优势，而且也会失去职教科技园管委会职责职权的独特性和专业性，并加剧职教科技园管委会的合法性危机。

4. 组织形式：矩阵结构

株洲职教科技园管委会可以通过各级政府纵向委托、授权和职教科技园各入驻院校及其他各利益相关单位的横向沟通和协作，建立职能综合、机构精简、灵活高效的矩阵式组织结构。从纵向看，对相关入驻院校有管辖权的各级政府和部门可通过部分授权或委托的方式，将职教科技园管委会作为横向服务职教科技园各入驻院校的一个职能部门或派出机构，协调服务职教科技园区的各项公共事务；特别是部分授权或委托职教科技园管委会对职教科技园内各入驻院校的教育资源进行统筹协调，促进各入驻院校之间的分工协作和资源的柔性整合。职教科技园管委会一般由政府或部门设立并赋予一定的权限，也可以通过行政授权和命令赋予职教科技园管委会一定职责职权。纵向授权权限范围的大小应该根据职教科技园管委会服务入驻各院校发展和园区自身发展的需要而进行适度的调整。从横向看，职教科技园管委会的机构设置应该遵循"宽职能、少机构"的基本原则，避免导致新的部门分割、机构重叠和职能交叉。职教科技园管委会应注重发挥协调、组织和服务功能，引导组建各类以职教科技园区本身事务和入驻各院校公共需求或问题为导向、以项目目标和任务的实现为中心、以园区共同利益的维护为目标，建立跨校、跨部门的柔性横向自治性组织。

二、深度融入职教科技园各院校办学，提升株洲教投公司服务园区各院校发展的能力

(一) 探索多元股份制模式，整合各院校实习实训和职业技能鉴定资源

株洲教投公司要深度融入职教科技园各院校办学，以资金、人员、设备、技术等方式参与各院校实习实训建设，探索多元股份制模式。股份制合作投入模式，即由政府及其下属机构、入园各院校、校企合作企业本着优势互补、互惠互利的原则投入资金或其他可以作价的要素，按照投入股份的多少享有相关权益，用法律合同的形式规定各方的具体权利和承担的义务。

搭建株洲职教科技园职教实训资源信息共享平台，整合各院校实习实训和职业技能鉴定资源。在株洲市层面搭建职业教育实训资源信息共享服务平台，对全市职教科技园所有的实训资源实施透明化、公开化管理。株洲职教科技园职教实训资源信息共享

平台作为职教科技园各职业院校综合性实习实训资源的信息沟通和交流工具，具有实习实训信息内容丰富、传递速度快和准确，实现入驻各职业院校实习实训信息资源全覆盖等特点，对实习实训资源的共建共享具有很大的促进作用。该平台主要内容分为三个部分。第一部分为平台的"智慧"部门，专门负责研究该平台的发展定位、功能确定、适用人群、信息的可视化多维度呈现（包括应该呈现哪些具体的实习实训信息，按照哪种分类标准来呈现实习实训信息）等问题。第二部分为平台的核心部门，该部门负责统筹协调和即时处理好线上和线下之间的实习实训资源的供需信息的收集、加工、传递、处理与共享，以及实习实训基地各类实习实训资源的共建共享信息的实时管理与各类实习实训数据的及时更新。具体来说，包括线上和线下实习实训相关信息的收集和整理、传递、处理和沟通，以及对相关信息的及时统计与发布。其中，线下实习实训资源信息应该主要涵盖各职业院校实习实训基地资源利用的实时情况，线上实习实训资源信息主要涵盖各职业院校实习实训基地各类资源利用的基本信息以及实习实训人员需求信息。第三部分是技术支持类部门，主要负责提供该平台使用系统的前期规划、设计与系统开发，以及后期系统的维护与升级等服务，专门聘请相关专业的技术人员担任平台运行管理专家，具体负责解决此类平台的技术支持问题。

（二）积极推动职教科技园各院校后勤服务社会化

株洲职教科技园各院校后勤社会化改革的主要目标就是要建立科学完善、运行合理、高效低成本的高校后勤社会化管理体制，使后勤服务系统成为"产权清晰、责权明确、政企分开、管理高效"的具有独立法人实体地位的股份化运行机构。入驻各职业院校后勤服务公司按照现代企业制度进行社会化改革是市场经济发展的必然要求。后勤服务系统按照现代企业制度进行改革后，后勤服务企业将以独立法人进行市场化经营和管理,与当前市场经济发展原则接轨。各入驻院校后勤服务企业按照现代企业制度进行改革后将成为自主经营、自负盈亏的独立法人,实现真正意义上独立于各入驻院校管理的经营实体,从根本上理顺各入驻院校后勤服务企业与相应院校之间的隶属关系。各入驻院校作为后勤社会化服务企业的大股东,将按照公司法规定对后勤服务企业行使权力,后勤服务企业将不再单纯是入驻院校的一个行政管理部门,各入驻院校也不再以行政命令或计划经济的方式来管理后勤服务企业,后勤服务企业也要按照公司法的规定进行规范化运作,实现所有股东利益和社会效益的最大化。各入驻院校后勤服务企业要借鉴现代企业经营和管理制度,实现后勤服务经营实体的科学规范管理和市场化、公司化运营。后勤服务实体要在国家宏观调控政策和市场经济相关信息的引导下,以后勤服务企业社会化改革为契机,充分利用自身现有的人力、物力和财力资源,逐步建立起后勤服务企业现代化经营和管理制度,实行科学高效的管理,获得最大的经济和社会效益,不断提高自身作为市场主体的竞争力和可持续发展能力。后勤服务企业建立现代企业制度后,企业的自主经营权将得到扩大,生产经营的灵活性也不断增大,将会极大地调动后勤服务企业管理者和职工的积极性、主动性和创造性,从而利用市场规则搞活后勤服务企业内部运行机制,实现入园各院校后勤服务企业社会化的目的,从而更好地服务于入驻各高校的办学要求。

入驻各院校联合后勤服务企业集团是在推进各入园院校后勤服务社会化改革过程中,打破了各入驻院校单独办后勤的经营管理模式,在政府及其相关主管部门的支持下成立的。通过参股、联营、交叉持股等多种方式,各入驻院校后勤服务部门打破各院校间、各区域间的界限限制,共同推动几所学校联合的后勤服务社会化改革,科学合理高效地利用好各入园院校的原有后勤服务资源，使其达到最优化配置和利用的目标，从而更好地服务于各入驻院校内、外两个市场的需求。联合高校后勤服务集团一般以区域为单位，在政府的主导下，由职教科技园区内的多个院校作为主体共同组建成为区域性的后勤服务集团公司，联合各院校力量共同办好后勤服务项目。集团公司通过对各入驻院校后勤服务资源的优化组合，发挥规模经济效益，在整个集团内部统筹各入驻院校的后勤服务，同时利用集团化经营的优势积极拓展外部市场，逐步发展壮大企业的实力和市场竞争力。高校联合后勤服务集团发展模式的最突出特点就是打破了原有校际相对封闭的运营和管理体制，按照市场化原则统筹方法把以前各入驻院校相对独立的后勤服务企业引向集团化、联合化、现代化、科学化、专业化经营管理模式，最终形成行业集团化发展模式。这是从宏观上对后勤服务企业进行现代企业制度改革。联合后勤服务集团模式具有以下6个方面的优点：

一是在株洲市政府政策和教投公司资金的支持下，能够较好地处理各入驻院校产权问题，减少国有资产的流失和减值，加快推进各入驻院校后勤服务社会化改革。

二是各入驻院校后勤服务实体可以通过整体并入、参股、交叉持股、连锁经营、资产托管等形式加入联合后勤服务集团，从而实现后勤服务与各入驻院校行政管理之间规范、有序、科学的分离。

三是联合后勤服务集团通过对所辖范围内的入驻院校后勤服务部门和实体的联合，实行集中原材料采购、集中配货、集约化经营，从而有利于形成规模经济效应，能够更加有效地利用市场上的丰富资源和各入驻院校庞大学生生活消费市场，通过各类资源的优化配置与重新组合形成后勤服务系统的规模效益的实现。

四是成立联合后勤服务集团后，各入驻院校不再具体办后勤，只需要按照股份制原则行使股东权利，使各入驻院校能够将有限的人力、物力、财力集中投入到教育教学和应用科研中去，对促进各入驻院校人才培养质量具有重要作用。

五是成立联合后勤服务集团，避免了入驻各院校后勤服务企业"单枪匹马"地直接进入社会后面临的生存和发展问题，缓解了后勤社会化改革对入驻各院校和社会造成的影响和压力。

六是面对社会服务企业进入职教科技园区各院校后勤服务市场的情况，联合后勤服务公司可以利用其规模优势发挥稳定市场、平抑物价的作用，降低商品市场价格波动对各入驻院校后勤服务带来的经营风险。

株洲职教科技园区集中了10所职业院校，2019年园区师生人数达到十万人左右，并且还呈逐年上升的趋势。株洲科技职教科技园区距离市区较远，从客观现实的条件上来看，株洲职教科技园后勤服务社会化改革的最好模式是实行入驻各院校共同建立联合后勤服务集团。联合后勤服务集团的建立过程中起关键作用的是拥有资金和政策优势的株洲教投集团。各入驻院校联合后勤服务集团的建立需要由株洲教投集团牵头，具体协调10所入驻职业院校共同进行后勤服务市场化改革。联合后勤服务集团的建立首先需要解决的是资金的筹集问题，这笔资金一部分应该以投资人入股的方式投入，另一部分可以向银行等金融机构贷款。政府部门、各入驻院校以及联合后勤服务集团的职工都可以以投资入股的方式向联合后勤服务集团进行投资，同时联合后勤服务集团还可以在政府、教投公司和各入驻院校的帮助下向银行等金融机构进行贷款。

（三）加快职教科技园区智能公共交通系统建设

株洲职教科技园区智能公共交通系统的建设是将先进的信息控制技术、数据收集和传递技术、电子信息传感技术以及计算机处理技术等进行集成和运用的综合性运输管理技术系统。随着株洲职教科技园区的快速发展和10所职业院校的入驻办学，园区范围内的人口和机动车数量将大幅增长，交通拥堵问题势必日益凸显。加强园区智能交通系统建设，提高交通管理水平，事关职教科技园区当前及今后中长期发展。

1. 优化公共交通系统

探索建设链接园区各院校、各主要购物和娱乐网点的快速公交体系，可以通过开辟智能公交专用线路和建造新式智能公交车站，实现公共交通智能化、轨道交通化的运营管理和服务；加快园区主次干道公交首末站、公交中途站建设，完善园区公交路网布局；科学合理设置红绿灯时段，建设智能交通信号控制系统，进行实时自适应优化控制，对园区主次干道实施绿波段控制，提高城市道路的通行能力；根据园区用地性质与业态，规划对外货运通道和内部货运通道并划定禁货区域，实现区域内的客货分离。

2. 打造智能交通信息平台

建设集交警、运管、城管、公交等数据共享的交通信息平台，为用户提供"一站式"信息查询服务，并提供交通管制、道路施工、突发事件、交通天气、停车等信息发布，实现道路交通控制管理、综合交通信息、交通应急、公共交通智能化运营等多种服务；建设特种车辆(公交、出租、校车、救护、消防)监控与通信系统，及时处置紧急情况；建设交通监控系统，增加交通违章自动拍摄系统、闭路电视系统、车牌号码自动识别系统、超载车辆自动监测报警系统等交通监控设备，提升对交通违法行为的监控能力；采用信息化手段(数据库、地理信息系统、网络)改善道路建设、养护及基础设施的管理，降低管理与运营成本。

(四)建设一批先进的生产性实习实训基地，为园区各院校开设对接新兴产业的专业提供支撑

生产性实习实训基地建设是对接战略性新兴产业的路径选

择。职业技术教育实习实训基地建设和运营是遵循高素质技术技能人才成长和培养规律，在真实或仿真的职业场景中，以具体的作品或相关工作项目作为载体，以综合职业素养养成和专门职业技术技能的训练为主要任务，按照企业现场实际工作流程来组织实习实训教学。随着株洲市加快推进制造业提质升级，做强产业集群。坚持以中国动力谷建设为统揽，着眼强链补链延链，聚焦轨道交通、汽车、航空、电子信息等优势产业链。全力将轨道交通产业打造成世界级产业集群，将航空、新能源汽车、电子信息、新材料等产业打造成国家级产业集群。提升智能制造水平。推进云计算、大数据、人工智能等现代信息技术和制造业的深度融合，加快陶瓷、服饰、烟花鞭炮等传统产业的改造升级，壮大生物医药、新能源等战略性新兴产业。对各类专业技术技能人才特别是具有高等级技术职称人才的需求持续增长，因此，建设一批具有先进设备设施的生产性实习实训基地，为园区各院校开设对接新兴产业的专业提供支撑。以战略性新兴产业对技术技能型人才的市场需求为导向，各入驻院校有针对性地规划专业布局，在发挥传统优势专业带动作用的基础上，通过对原有专业进行优化调整、转型升级组建与新兴产业紧密对接的新专业，与相关行业企业共同制订人才培养方案，按照职业岗位和技术技能需求设计专业课程体系，共享行业企业资源，实施合作教育，建设一批具有先进设施设备的生产性实习实训基地，加强相关专业实践课程和新兴产业技术前沿的实训课程建设，吸纳行业企业参与到实习实训项目和课程的开发之中，注重对学生创新能力与应用技术技能的培训培养，提升株洲战略性新兴产业发展急需的技术技能型人才的能力和综合素质。

（五）引导社会资本以多元化股份制参与各院校二级学院建设

党中央、国务院等有关部门多次出台政策文件明确支持混合所有制办学模式，重视程度前所未有。十九大报告明确指出："完善职业教育和培训体系，深化产教融合、校企合作""支持和规范社会力量兴办教育"。2017 年 12 月 19 日，国务院发布的《关于深化产教融合的若干意见》（国办发〔2017〕95 号）指出："鼓励有条件的地区探索推进职业学校股份制、混合所有制改革，允许企业以资本、技术、管理等要素依法参与办学并享有相应权利。"2018年 2 月，教育部、财政部等六部委关于印发《职业学校校企合作促进办法》（教职成〔2018〕1 号）的通知中指出："鼓励有条件的企业举办或参与举办职业学校。"

以多元化股份制参与各院校二级学院建设，打破单一投资办学模式，引入多元资本共同投资参与办学，并以混合所有制经济方式来管理和运营各院校的二级学院。混合所有制职业院校的特征是校企合作深层化、产权结构多元化、治理结构现代化、运行机制科学化。

（六）积极探索政府统筹、社会参与、多元办学模式，组建湖南（株洲）职教园职业本科学校

2020 年，《教育部办公厅印发〈关于加快推进独立学院转设工作的实施方案〉的通知》（教发厅〔2020〕2 号）要求，到 2020 年末，各独立学院要全部实现转设，转设路径主要有三种：转为民办、转为公办和终止办学。《方案》明确提出，地方政府有条件承接举办的，鼓励转设为独立设置的公办普通本科学校。2020 年 1 月出台的《湖南省职业教育改革实施方案》（湘政发〔2020〕2 号）明确，推动省部共建湖南省国家职业教育创新发展示范区，将建立和完善中职、高职专科、本科、专业学位研究生教育纵向贯通，普通教育与职业教育横向衔接，学历教育与培训并重的多层次技术技能人才培养体系；探索优质高职院校升格为应用型本科高校。株洲职业教育在全省乃至全国享有盛誉。职教科技园是省"两型"社会建

设典范工程、省"双创"示范基地，园区10所中、高职院校中亟需组建一所本科院校，完善现代职业教育体系。湖南(株洲)职教园职业本科学校由株洲市人民政府主办主管，采取"政府统筹、社会参与、多元办学"的办学模式。引入株洲国投、中车株机、中车株洲电机、中车株洲电机研究所、株洲联诚、中国铁路广州局集团、南方航空、北汽控股等涵盖轨道交通、航空航天、通用汽车三大动力产业企业参与办学。湖南(株洲)职教园职业本科学校定位为本科层次的应用技术大学，主要培养区域经济社会发展所需要的高层次应用型、技术技能型人才，既实施本科层次应用技术教育，又实施专科层次高等职业教育，根据办学条件和社会需求适时调整办学层次结构。湖南(株洲)职教园职业本科学校应以缘由高职院校校区为基础组建，株洲市国投集团收储土地以参与办学的形式用于校园扩建，学校占地面积达到1000亩以上。在校生本科层次过渡期6000人规模，待条件成熟时在校本科层次学生达到10000人。年均为区域企业培训企业员工50000人次以上。

(七)校企深度产教融合，组建"产业学院"服务区域经济社会发展

为贯彻落实《中国教育现代化2035》、《深化产教融合的若干意见》、《国家职业教育改革实施方案》和《湖南省职业教育改革实施方案》的精神，实现"教育链、人才链与产业链、创新链有机衔接"，支持株洲市产业企业健康发展。湖南(株洲)职教科技园相关院校可以联合产教融合紧密的产业企业共同组建"产业学院"，产业学院以服务区域经济社会发展为宗旨，以促进就业为导向，整合优化资源配置，创新管理与运行机制，深化产教融合，将教育标准与用人标准对接，校企合作，工学结合，无缝对接，为株洲轨道交通产业链发展培养多样化、专业化的高素质劳动者和技术技能人才提供强有力的保障。

　　"产业学院"要坚持以服务区域相关产业企业发展为指引，依托优势产业企业和创新中心等平台，以相关产业园或工业园为战略发展基地，以高职院校和产业园区管委会为合作办学主体，通过校企深度产教融合，开展中高端技术技能人才输送、企业员工培训和学历提升、校企联合开展应用技术开发等服务，将"产业学院"打造为服务区域产业链企业发展的"人才培养中心、职工培训中心、科技创新中心和师生实训中心"，为株洲区域产业企业培养中高层次管理人才、技术创新团队和高层次产业技术工人，构建多形式的产学研产业联盟，成为株洲产业企业中高层次人才培养的黄埔军校和技术创新高地。

三、通过制度创新，引领资源共享机制和平台建设

　　制度的创新是实现资源共享和资源更加有效利用的关键，只有进行科学的制度设计和合理的制度安排，株洲职教科技园各入驻院校各类校际资源的共享范围和受益面才能不断扩大、资源共享的层次和质量才能不断提高，职教科技园的规划建设目标和预期社会价值才能得到实现。科学设计出一种在满足个人理性的前提下能够达到集体理性、在满足个人利益的前提下也能够满足总体利益的规则、制度或者政策，对职教科技园各入驻院校资源共享是一种急需解决的现实问题。建立多元投入机制，培育共享项目的成本分摊等自我造血机制。落实各入驻院校资源共享的相关项目建设，整合园区各类公共资源的所有权、使用权和收益权，改变各院校存量资源的管理与使用模式，优化各院校资源的控制权层级，提高各入驻院校各类资源的利用效率和效益。健全法律法规，完善配套政策，重构评价体系，建立管理制度。建设好公共数

据平台和资源共享网络管理门户平台。

（一）完善利益保障机制

将个人理性与集体理性相统一、个体利益与集体利益相协调的办法，不是对个人理性与个人利益的全面否定，而是设计一种能够在满足个人理性的前提下也能够达到集体理性、在充分实现个人利益的前提下也能够充分实现集体利益的规则、制度或政策。当各类参与人按照集体理性进行决策、采取一些符合集体利益最大化的行动或措施时，这种规则、制度或政策至少能够充分有效地补偿各个参与人的私人利益的损失，甚至应该在对利益受损的参与人进行利益补偿外还要进行必要的奖励。否则，这种制度或政策就不能实行下去。若要达到区域公共教育资源利益最大化的要求和现实中"集体主义至上"的原则，不能仅靠参与人的思想觉悟的提高和道德约束来实现，而是需要建立一套能够规范、监督、约束各参与人，能够激励决策者、管理者或者说各层次代理人按照法律规定的程序和规则进行活动，从而影响人们的公共选择和各层次代理人的实际行为，扩大职教科技园各入驻院校之间资源共享的范围、降低各类代理成本、最大限度地减少各类交易费用。

利益是促使人类社会前进和发展的原始驱动力。资源共享只有实现各利益主体的互惠交换、合作共赢才能实现，其本质和核心是共享主体之间所拥有的资源如何实现公平合理的利益分配或者利益交换。一种科学合理的资源共享体系，不能单纯建立在各参与主体内在自发或无私奉献精神的基础之上，也不能单纯建立在依靠外界政策法律、行政强制的基础之上，而要建立在科学合理的、巩固长久的内在利益驱动力的基础之上，这个内在驱动力就是资源共享中各方参与人核心利益的保障机制。

1. 建立成本补偿与利益分享机制

在株洲职教科技园各入驻院校校际资源共享的过程中，伴随着各入驻院校资源供给、获取、共享的服务和管理成本的支出，尤其是作为共享资源的提供者，还要面临着资源建设的投资成本、交易成本、机会成本、防范风险等成本的支出。对于职教科技园每一所入驻院校而言，只有当提供共享资源的收益不小于成本支出时，各类资源的共享才能够持久地发生。因此，在各院校之间开展资源共享工作时，在各参与主体之间应该建立科学合理的成本分担和利益补偿机制，尤其要考虑对共享资源供给者的利益进行适当的补偿和奖励，这样才能够让职教科技园各入驻院校有动机来提供各自所拥有的优质教育资源。否则，就会助长资源共享过程中大家都想赚便宜、"吃大锅饭"和"搭便车"的现象发生，这其实是对共享资源供给者的积极性进行打击，最终会导致资源共享行为的不了了之。在资源共享的过程中可以建立科学合理的政府补贴制度，政府补贴大于共享资源供给院校的边际外部成本，才能让共享资源的拥有者有动机提供各类共享资源，保证共享资源的数量和质量。可以建立科学合理的共享资源有偿使用制度，由受益院校和学生向共享资源的供给方支付必要的费用，弥补共享资源提供者的各种成本支出，例如在专业共享课程资源建设中可以按照每个学生所修课程的学分进行适当收费，在实习实训的仪器设备和场地、体育场馆相关设施和器材共享中按略高于运行成本和损耗成本的标准有偿收费使用。可以通过入驻各院校校际签订资源共享的规则、协议进行约定，当一方的成本支出高于其共享收益时，共享资源的使用方要对供给方给予适当的经济利益上的补偿。

2.建立资源共享的激励与约束机制

在职教科技园各院校校际资源的共享方面，政府主管部门和各入驻院校的目标和利益是不一致的。政府作为公共利益最大化的代表，为了提高其管辖范围内各类公共教育资源的利用效率，利用有限的资源最大化提高办学效益和教育质量，在推动其管辖范围内各院校资源共享方面具有一定的利益驱动；而辖区内各院校从强化其自身办学地位出发，首先考虑的是自身如何通过更多的独占优质教育资源来在各院校中获得竞争优势，提升自己的办学质量、办学效益和社会声誉，而不是如何通过资源共享提高其所拥有的优质资源的利用效率，更不会主动关心如何通过资源共享使其他竞争对手利用其所掌握的优质资源来增强对方的办学实力。根据委托代理理论，政府作为公共教育资源的委托人必须设计一种制度，使作为代理人的各院校在追求自身利益最大化的同时，实现作为委托人的政府利益的最大化，从而实现代理人——各院校的利益目标与委托人——政府或教育主管部门目标的一致。从某种程度上说，对代理人的行为绩效进行奖惩性评价比发展性评价对代理人行为的驱动性更强、效率更高。政府或教育主管部门通常应该建立一套科学合理的评价体系和奖励约束机制对代理人的行为进行激励和约束，根据各个院校在校际资源共享中的实际表现情况，对共享资源贡献大的院校给予适当的奖励、补贴、政策倾斜或其他方面的支持，对阻碍资源共享或置之事外的院校给予适当的告诫、问责或惩罚；将院校资源共享的成效与院校管理者的收入、荣誉以及未来职务的晋升进行挂钩，将资源共享带来的外部收益可以内在化为资源提供院校的收益，实现个体利益与公共利益的统一。同时，政府也可以根据共享资源提供院校投入的资产和承担的费用等指标，根据资产投入效益评价来对相关利益主体进行激励与约束。对于职教科技园各入驻院校校际联合申报的资源共享所得的相关项目，政府应该优先给予立项；既要重视资源共享项目的申报、论证和审核，更要重视相关项目使用的绩效评估，重视资源共享项目立项实施后资源共享的绩效评价；相关评价和评估结果应该与项目申报主体单位及相关个人的利益挂钩。

3. 建立多元投入机制

政府作为委托人，应该加大对公共产品的投入，可以将资源共享所需资金纳入政府公共财政预算，也可以设立鼓励资源共享的专项引导和配套资金。加大对入驻各院校校际资源共享项目建设的财政补贴力度，既可为资源共享项目提供前期的启动资金，也可为资源共享项目提供日常运行保障经费。除了地方政府的公共财政资金投入之外，政府还应发挥先导性财政支持资金的引导作用，采取多种措施鼓励职教科技园各入驻院校以及社会上的民间资本参与校际资源共享。目前，对于大部分职教科技园而言，实现偶尔或者短期的资源共享相对来说比较容易，而进行持续的和长期的资源共享则比较困难。株洲职教科技园各入驻院校校际资源共享最大的困难是资源共享项目确定或者实施后，维持项目正常运行的后续资金相对缺乏，校际资源共享的成本难以得到补偿。这些资源共享项目的持续运行经费以及资源共享项目相关成本的补偿，除了依靠政府的财政补贴支持外，还可以凭借资源共享过程中取得的收益、募集的资金、共享主体的成本分摊等来实现资源共享项目的自我造血机制，逐渐摆脱资源共享对政府财政性资金投入的依赖，实现资源共享项目自我运行、自主演进和可持续发展。

（二）优化资源配置方式

1. 优化职教科技园公共资源配置过程

各级地方政府和教育行政管理部门需要按照统一规划、集中投入的基本思路，对校际共享资源投入行为进行引导和协调，鼓励校际资源共享项目的建设，如株洲职教科技园体育设施和实习实训资源、图书资源等。尤其是对职教科技园各入驻院校硬件资源的投入，要加强硬件基础设施的整体规划和论证工作，将每个入驻院校拟建设的硬件资源与职教科技园现有硬件资源的分布和使用情况结合起来，增强各类硬件资源利用的计划性和前瞻性，减少各类硬件资源建设学校在资源配置时的盲目性和随意性，杜绝对各类资源的闲置和重置。可组织职教科技园管委会层面的专家对新建硬件资源进行可行性论证，充分考虑资源新建的经济和社会效益分析、资源共享方案和管理方式论证等，提高新建硬件资源的实用性和共享利用的效率。可以根据各入驻院校传统办学特色和办学优势进行共享资源的共建工程，对资源共享项目的承建学校，政府应该要给予一定额度的补偿性和奖励性资金。

2. 整合公共资源所有权和使用权

院校产权的各个权项是集中还是分散，主要应由产权绩效决定。如果集中度过高而导致产权无效或低效，则应该适度分化；如果过度分散而导致无效或低效，则应该适度集中。职教科技园入驻院校可以通过对产权各项权能的分解和重组，分解或分散所有权以外的产权进行转让或转移，以达到高效配置职教科技园各入驻院校教育资源的目的，这样做并不意味着国有资产的减值或流失。株洲职教科技园入园各院校校际资源共享的实质，就是资源产权的各项权能在入园各院校之间进行分解和重组，是不同的教育资源占有主体之间，相互分享共享资源的使用权、收益权，分担共享资源的成本与风险的一种资源优化配置方式。株洲职教科技园要着力优化与调整各入驻院校存量资源，改变各院校存量资源的管理与使用方式。按照共享资源利用的内在联系和流程，打破入园各院校校际界限，最大限度实行共享资源在校际的开放与共享。在职教科技园各院校之间实行大型仪器设备的折旧管理制度和有偿流通制度，打破职教科技园各院校校内、校际、职教科技园和社会企业之间各类资产的流通障碍，通过使用权的有偿转让促进闲置的或利用率低的大型仪器设备流通到能够更好地发挥效益的地方，提高其使用效率和投资收益，加快相关资产成本的回收。

3.优化资源的控制权层级

所有权与控制权的分裂是资源共享难的重要原因之一。资源共享旨在共享控制权而非所有权。从理论上讲，控制权越往上，所有者和控制者的利益一致性越高，所有者共享资源遇到的障碍越小；控制权越往下，所有者和控制者的利益背离程度越大，所有者共享资源遇到的障碍越大。在实践中，共享的边界也与控制权拥有主体的层级相对应。

但是，共享资源的控制权层级虽然愈来愈高，但并不一定意味着其实现资源共享的程度就愈大。因为资源的共享存在着比较高的运行成本和行政成本，当资源共享的边际收益大于边际成本时，资源共享行为就得不偿失了；只有当资源共享时的边际收益大于边际成本时，资源共享的效益才能最大。研究表明，公司控制权的集中度与其业绩存在着倒"U"型的关系。因此，各类资源最优的共享边界取决于共享资源所有权和控制权之间的平衡，两者存在着某种"最优区间"。

(三)健全法律政策制度

交易费用理论清楚地告诉我们，株洲职教科技园作为一种新的职业教育集约集聚式发展模式，涉及各种新旧制度和机制的转换与磨合，这些都面临着交易费用的产生。如何适时、主动地推进各类制度的改进，实现制度变迁的预期净收益超过制度变迁的成本，是株洲职教科技园规划设计、建设管理和科学运行面临的重大课题，相关部门应该给予积极的论证和回应。同时，公共选择理论不仅为我们提供了关于分析和解决资源共享进程中"目的公平"难以完全实现的方法论方面的启示，而且也为我们提供了分析和解决各类职业教育资源共享"手段公平"难以完全实现的方法论启示。若要达到职业教育资源公共利益最大化的要求和管理中"集体主义至上"原则，不能仅靠当事人的思想觉悟提升和道德约束力的增强，要允许当事人在各种可供选择的制度约束条件下根据自身掌握的信息作出选择。当然，这些约束条件是为所有当事人彼此承认和共同接受的。

这就要求我们在推进职教科技园各入驻院校校际资源共享中，高度重视相关法律法规、政策制度和规章条例对利益相关者、资源共享的参与者所起到的重要作用，让他们在享受自由的同时受到制度所设置的各类约束；尤其要通过制度约束来避免各入驻院校的校长在"公共决策和管理"的过程中过多出现"利己"行为。

1. 健全法律法规

株洲职教科技园入驻院校校际资源共享，需要依靠法律法规、政策制度、行政力量的强制和资源共享的相关管理制度来进行规范，其中最关键的是对各参与主体责、权、利的明确。首先要健全法律体系。通过颁布、出台倡导资源共享的法律法规，使资源共享有法可依。以体育设施资源的共享为例，早在1927年，美国32个州就通过了相关的法律规定，学校自身的建筑可被所在社区作为社区活动中心进行使用；日本在1976年颁布了推进学校体育设施开放的法令；法国的《体育法》规定学校体育设施应向各类使用者开放；西班牙在其1990年颁布的《体育法》中规定，由官方机构资助的运动硬件基础设施应当向全社会进行开放。虽然我国高等教育法第十二条鼓励各院校与科研机构、企事业之间开展相关资源共享的协作，以便提高相关资源的利用效益，但仅仅进行资源共享的鼓励和提倡，在没有法律法规和相关规章制度的强制情况下，资源共享的效果乏善可陈。

2. 完善配套政策

多年来，我国出台了一系列鼓励教育资源共建共享的文件，明确提出了各类院校优质教育资源共建共享的相关指导意见，如：《面向21世纪教育振兴行动计划》（国发〔1999〕4号）、《国家中长期教育改革和发展规划纲要（2010—2020年）》（中发〔2010〕12

号）、《教育部关于全面提高高等教育质量的若干意见》（教高
〔2012〕4号）。但是这些文件缺乏配套的后续政策和可操作、可执
行的实施办法，阻碍资源共享的各类政策壁垒依然在我国各类院
校资源共享过程中存在。政府应该在资源配置、资金支持、项目
审批、专业课程设置、经费审批投入等方面对参与共享的院校、共
享项目和人员给予资金支持和政策倾斜；对于积极参与资源共享
并取得较好效果的相关参与单位、部门和个人应该给予政策上的
激励；在综合评价或专项检查、验收评估时，将资源共享作为各类
院校办学效益的重点考察指标。通过这些政策，引导各类入驻院
校从不愿意、不会操作、不知道或被动参与资源共享，走向积极、
主动地参与各类资源的共享。

3.重构评价体系

要制定有利于各类教育资源共享的评价体系，在政府主导制
订的对各类教育主体进行综合或专项检查、评估和验收的指标体
系时，应体现对各类教育资源"不求所有、但求所用"的办学理念，
改变单纯用学校资源的占有量和生均资源拥有量等以实物为主的
评价指标，增加学校对相关资源的利用率和生均实际资源利用量
等相关评价指标。世界银行专家也认为，中国对教育的质量的评
价过多地参照了以投入水平为主的指标，这其实是一种误导；建
议在使用这些以投入性指标为主的指标体系时，开发出能够鼓励
提高资源利用效率和效益的产出性指标，实行对相关资源使用过
程和结果的测评。要将相关资源的利用率、生均实际使用的各类
教育教学资源量作为各类学校办学条件和办学水平的重要衡量指
标之一。各级教育行政主管部门（或在其主导下的第三方评价机
构）在对院校办学能力和水平进行评估和验收时，在评估和验收指
标体系中适当增加院校参与资源共享的相关内容，促进阻碍资源
共享的政策壁垒的彻底消除；在重大教育科研项目申报申请、教
育教学成果奖的评定、特色或品牌专业评比、精品课程的评比等

方面,将各类资源对横向院校的联合开放、共享程度、合作共建作为鼓励性或加分指标;对于职教科技园内各入驻院校,可以增加引导性和发展性指标。尤其是对于实验、实习和实训仪器设备的管理、评价,要关注相关设备设施的及时利用、人才培养、功能利用与新功能开发等相关考核指标;要重视对实验、实习和实训仪器设备的完好率、使用效益、使用率的相关评价,重点考核实验、实习和实训仪器设备的实训人时数、开机时数、定期维护、随时维修、运行费用等指标,最大限度地提高资源的利用效率。

4.建立管理制度

围绕教育资源共享,健全、完善、落实管理制度、工作规范,使职教科技园校际资源共享工作有章可循,在责、权、利明确的前提下有序开展,稳步推进。制度建设一般包括两个层面,第一层面为体制类宏观制度,规定校际资源共享的内容、方式及体制、机制、协调管理组织机构等。第二层面为具体管理制度,包括硬件类资源共享管理制度和软件类资源共享管理制度。硬件类资源共享管理制度包括教室、场馆、公寓、体育及实验实训设备设施类资源的共享管理制度等,软件类资源共享管理制度包括师资互聘、专业共享、课程互选、教材共建、学分互认、信息资源共享、项目协同开发以及学籍管理系统、教学管理系统、后勤管理系统等共享管理制度或实施细则。在诸多的管理制度中,校际学分互认互换制度显得尤其重要。校际学分互认互换是职教科技园教学资源共享的核心内容、基础条件,也是难点问题,它为职教科技园校际课程互选、教师互聘和学生跨校攻读辅修专业、第二专业等扫清了制度障碍,奠定了坚实基础。可形成校际单边学分互认互换或者多边学分互认互换的方式,制定学分制管理规定、学分制跨校选课规定、学分互认与收费管理制度、按学分收费和校际结算办法等一系列规章制度。

（四）建设网络管理平台

一方面，株洲职教科技园入园各院校校际资源的共享必然涉及各院校校际资源的实际流动、整合或校际师生的交流协作，这给各院校的管理工作带来一些困难，其中最为突出的是各类教育教学信息的传递、校际的选课和排课、校际的学分互认、校际的实验实训室安排等。要切实解决这些困难，就必须借助信息化、网络化的管理手段。另一方面，信息存储、加工和处理技术的发展和网络环境的不断改变，使职教科技园的每个入园学校变成全球网络系统中的一个节点，并与政府教育主管部门、相关行业企业、家庭和各个人以及其他教育机构乃至整个社会都紧密联系在一起。在此背景下，株洲职教科技园各入驻院校之间要实现资源的共享，就必须建立一个资源共享的网络化管理平台。

1.公共数据平台

资源共享网络管理平台的建设，要有公共数据平台作为基础支撑。职教科技园公共数据平台应该包括中心数据库和数据交换平台两部分。通过中心数据库，将株洲职教科技园各入园院校的校内的各类教育教学数据按照一定的技术标准和规范，进行集中收集、加工、整理、存储、传递、集成和管理应用。通过数据交换平台，在保留各入园院校业务系统原有数据库及其完整性的背景下，将各入园院校校内业务系统中需集成的数据全部自动上传到相应的数据中心，实现各类教育教学数据的统一集成、标准化和适时更新。

2.资源共享网络管理门户平台

资源共享网络管理平台的建设，要有门户平台作为集成。通过各院校对门户平台的建设，将各个院校校内外所有信息和应用系统全部有机整合到 WEB 界面。门户平台可以包括或整合职教科技园各院校的教务、学生、财务、人事、科研、后勤、设备、资产管理的办公自动化系统，以及专业课程、设备设施等各种类型的校际资源共享管理和应用系统。门户平台应该实施统一的身份认证，用户只要一套用户名和密码口令即可自由进入所有具备应用权限的业务系统和相关具备查询权限的数据库。在各种应用管理系统中，我们重点讨论专业(课程)资源的共享管理系统和设备设施共享管理系统。

3. 专业(课程)共享管理系统

通过专业(课程)共享管理系统，学生能实行在各入园院校校际进行专业辅修选报、课程资源互选、讲座听讲选报、跨校评学评教等，能够随时查阅各校之间的公告信息、专业开设计划、课程资源信息、教师授课信息、各科科目的上课时间和地点、考试相关通知、个人成绩查询等。同时，该管理系统能够与职教科技园内各院校网上课程平台和教学管理平台系统实现对接和兼容，实现园区各院校跨校开设网络课程和进行网上答疑辅导，实现各院校之间进行跨校课程资源管理、教学计划实施管理、考试考务管理、实验实习实训资源管理等；园区内各校教学管理人员也能更加便捷、高效、准确地完成在园区内各院校跨校排课、选课信息查询与统计、学生考试测评成绩的查询与登录、学分的核算等基本工作。

4. 设备设施共享管理系统

通过该系统，建立株洲职教科技园各院校共享资源的虚拟设备设施管理信息中心，实现各院校之间设备设施的数字化、信息化管理，无须将分散在园区内各校及其院系的设备设施进行实质性的转移和组合，即可虚拟地集中到这个统一的平台上，跨时空面向职教科技园的全体师生进行开放，并通过师生的校际流动而不是设备设施的校际流动方式，实现各类资源的跨校共享。该系统可以包括株洲职教科技园各院校设备设施信息、预约功能管理、使用权限管理、维护维修管理、人员配备管理、规章制度信息、收费标准信息、查询统计功能、信息常态咨询、网上集成办公等模块。例如,要实现对株洲职教科技园入园各院校实习实训资源的统筹管理、统一进行调度、实现资源共享,就应该建设基于开放网络系统,将职教科技园内各院校、院校内部各个院系和部门分散的实习实训仪器设备进行虚拟地集中到一起的实习实训管理信息系统平台,让实习实训资源的配置、分配、管理、使用、运行等信息公开化、透明化,使各职教科技园区内的院校及其系部、全体师生都能够更加方便、快捷地查询、了解到各实习实训室的各种资源配置、使用、管理和运行情况,更加方便、快捷、高效地进行申请、预约、报修、实施审批。实习实训管理信息平台可能还应该包括资源分布信息、预约排课信息、使用管理情况、维护维修记录、采购更新情况、数据统计信息等模块。一是资源信息模块。包括实习实训室的名称、设备设施配置概况、各类设备的台套数及其摆放位置、状态是否完好、开放运行的时间、可提供的实习实训模块、实习实训容量等大量信息,这些信息可以通过现场实物照片和相关文字的形式进行呈现。二是预约排课模块。包括预约排课的设备类型及台套数、预约排课的起止时间、预约排课的实训项目(模块)、预约实习实训的人数等栏目。实习实训管理信息平台的各位管理人员可以将各种类型的实习实训室、实习实训仪器设备的标识分为可用和不可用两种基本状态,然后推送到校内教务管理系统,以满足教务对各专业的排课要求,实现各类型实习实训室、实习实训仪器设备的全校开放和各类资源的共享共用。三是使用管理模块。包括使用管理的基本办法、预约的基本方法、对外服务的收费标准、实习实训的耗材管理、实习实训日志撰写、实习实训日常督查、各类用户的反馈信息等内容。四是维护维修模块。包括各类设备的报修记录、相关设备的定期维护和执行记录、各类设备故障检修记录、相关设备设施的维护费用信息等。五是采购更新模块。株洲职教科技园区内各院校、院校各系部、实习实训室可以通过该模块提出各类设施设备的新建申请、采购购买申请、更新维修申请。六是数据统计模块。实习实训信息管理平台具有数据的统计、分析、筛选等不同的功能，可以方便地向各方提供现有实习实训资源的基本情况、相关设备的维修记录和各类设备设施的故障率、完好率、使用率等相关数据，为园区各学校实习实训资源的管理和实习实训教学活动提供决策依据。

四、打造园区多功能服务平台，提升职教科技园服务各院校发展的能力

打造具有科研成果转化、职业技能鉴定平台、职业技能比赛平台、产教融合平台等功能服务平台，提升职教科技园服务各院校发展的能力。

（一）打造职教科技园科研成果转化平台，加快各院校科研成果转化

党的十九大报告指出，"创新是引领发展的第一动力，是建设现代化经济体系的战略支撑"。各类科技成果只有应用于企业的生产实践，促进产业企业发展，才能真正达到所需要的科技创新的最终目的，并在各种可能的最大限度上发挥其效益。由此可见，创新驱动发展战略的核心意义在于实现科技创新成果的转化。随着各个国家对知识产权创新问题的日益重视，尤其是 2017 年 12 月教育部办公厅下发了《关于进一步推动高校落实科技成果转化政策相关事项的通知》（教技厅函〔2017〕139 号）以来，我国高职院校对科研创新重要性的认识正在不断加强，广大教师及科研工作者对科研创新成果尤其是专利申请和专利成果的转化的热情也正在不断提升。

　　打造株洲职教科技园科研成果的转化平台，加快园区内各院校科研成果转化的效率。科研成果转化平台的运行是高校科技创新和科研管理等一系列工作的重要组成部分，相关服务平台的建设要紧紧围绕园区各高校科研创新中心工作，以市场需求为导向，通过对园区内各高校的科技力量、人才资源、智力资源的优化整合并且不断进行重新规划，加强园区各院校与行业企业的联系与合作，构建功能完备的科研科技服务体系和创新管理机制，为园区内各高校科研创新和相关企业的技术进步提供有力的政策保障。通过株洲职教科技园科研成果转化平台的创建，为园区内各职业院校与行业企业开展技术对接和科研开发合作，促进科技创新成果转化和商业化的开展搭建桥梁，不断提高行业企业产品的质量品质，改进创新相关生产工艺，提高各类创新能力。同时，还可以优化职教科技园区内部各职业院校科研创新工作环境，提高科技创新人才培养的质量，将株洲职教科技园各职业院校建设成为我国科技创新体系中的重要一环。株洲职教科技园科研成果转化平台的建设主要目标具体包括以下 4 项：一是增强职业院校的科技创新能力。通过建设株洲职教科技园科研成果转化平台，能够不断健全园区内各个职业院校的科研设施设备，促进各院校形成健全的科技创新服务的体系，不断增强各职业院校开展原始创新的动力动能，提高园区内各职业院校办学综合实力和科研水平。二是增强职业院校的科技服务能力。借助株洲职教科技园科研成果转化平台的建设，能够不断完善园区内各职业院校科技信息资源网络服务体系，实现园区各院校各类职教资源的共建共享，增强各职业院校科技资源的开放性，提高相关科技创新资源的利用效率。同时，依托园区内部建立的科技中介组织和多个项目孵化基地，可以不断提高株洲职教科技园科技创新平台对相关科技信息资源的收集、筛选、分析和利用能力，进而促进园区各职业院校科技创新服务能力的整体提升。三是优化职业院校的科研创新环境。株洲职教科技园科研成果转化平台作为大力推进创新、促进创新成果与市场进行对接的公共服务平台，通过不断完善科研创新激励机制体系，建立公平科学的科技创新政策引导机制，能够有效地激发广大教师和科研人员的工作积极性，优化园区内各职业院校科研创新的工作环境。四是不断加强职业院校科研人才队伍建设。株洲职教科技园各院校科研成果转化平台的建设在促进各级各类相关科研创新项目申报工作的同时，对于提高园区各职业院校科研人员业务能力与综合素质，大幅提升各职业院校科研队伍的整体水平，加快创新型科研团队建设具有深远的影响意义。

株洲职教科技园科研成果转化平台的建设采取的主要形式是结合园区内各个职业院校科研工作的实际。职教科技园科研成果转化平台建设的主要内容包括以下 5 个子平台的建设。一是科技信息网络服务平台。该平台的建设内容主要以计算机网络为基础，适应"互联网＋"时代对相关基础设施的发展要求，为推动园区内高新技术企业发展和不断实现产业化发展提供政策信息服务，如科研课题项目的申报、产业发展项目的推介、技术供需基本信息的公开发布等，园区内各个职业院校科研创新成果、科技创新人才、行业知名专家、科研创新实验中心等相关信息的查询等。二是科技资源共享平台建设。主要是对园区各职业院校校内外的各类科研创新资源进行充分的整合，建设科技创新信息资源、科研科技设施设备和实验中心数据交换的各类资源共享平台的建设，为市场主体技术创新需求、产品质量品质的不断升级和高新技术的产业化发展提供可供使用的新技术、新信息、创新性人才、各类创新性项目和各类文献资源等各类科技创新服务。三是技术转移转化服务平台。园区技术转移转化服务平台主要是为那些有技术创新需求的高新技术企业逐步搭建起与园区内各职业院校进行合作的桥梁，通过这一平台的促进作用，不断促进园区各职业院校高技术创新成果的转移转化，园区内高技术企业产品质量和品质的不断提升，不断深化园区各职业院校和相关行业企业的产学研合作，推动产教融合、校企双方建立长期稳定的校企合作关系，为校企双方开展更深层次、更广领域的技术创新合作、知识产权许可的转让等工作提供服务，同时也为加快科技创新成果的产业化进程，方便各类资本进出科技创新市场提供更便捷、高效的服务。四是科技产业服务平台建设。科技产业服务平台主要以高新技术创新企业为依托，为各类高新技术创新企业进行技术水平革新、先进工艺流程改进和产品质量的不断提升提供力所能及的帮助，园区内各职业院校通过与科技创新企业的对接与合作，不断发挥各类科技型企业在资金、场地等方面的巨大优势，使其成为科技创新产业园的重要项目孵化基地和成果转化转移、产业化基地。科技产业服务平台借助园区内各职业院校雄厚的技术创新人才、智力资源开发和科技创新企业的产业和资本方面的优势，推进技术创新与资本的有机融合。园区各职业院校和上级有关科技创新主管部门要发挥科技创新的主导作用，制定相关优惠政策引导符合科技创新企业发展需求的产业项目和科研中介组织到职教科技园区发展，使其成为推动株洲职教科技园各主体进行科技创新和产业园区各类工作提档升级的强大助推器。各类科技创新企业还要立足实际，加强与相同行业内国内外其他科技创新企业的联系与合作，通过引进和消化吸收其他企业的高新技术，为园区内各科技创新企业健康可持续发展提供强劲的内在动力。五是综合性服务平台建设。建立和完善综合性服务平台对完善科技创新平台功能，加快科技创新成果转化的进程，提高株洲职教科技园区管理水平具有十分重要的作用。在株洲职教科技园区内建立商务服务中心，以周边市场需求为导向，积极引进科技创新中介组织、法律服务咨询机构、金融服务中介机构以及其他服务园区、服务科技创新企业发展的各类组织，提高株洲职教科技园区运作的规范化、专业化和科学化水平。通过上述五个子平台的建设，可以将科技创新人才、知识生产和创新、科技创新、资本运作等资源进行充分的整合和融合，围绕重点科技创新行业和优势产业的发展，不断深化产学研合作，为技术创新成果转移转化和产业化、科技创新项目孵化、园区内高新技术企业发展提供高质量的各类服务。同时，园区内高职院校还应充分利用相关专业的实习实训基地建设、教师到企业挂职锻炼、产学研联盟、应用技术协同创新中心等优质资源，加强产教融合和校企深度合作，联手开展落地式项目的研究与技术攻关，主动推进科技创新企业开发和使用新技术、新产品、新工艺，有效促进产业不断转型升级，更好地服务地方经济社会健康、快速发展。

（二）打造职教科技园产教融合平台，增强园区各院校产教融合能力

习近平总书记在中国共产党第十九次全国代表大会报告中指出要"深化产教融合、校企合作"，为当前职业教育改革发展指明了方向、明确了任务。2017 年，国务院办公厅发布《国务院办公厅关于深化产教融合的若干意见》，2018 年，教育部等六部委联合印发《职业学校校企合作促进办法》，明确了国家在促进跨区域校企合作方面的职责和具体政策，鼓励各地通过资本合作、购买服务、落实财税用地、成立职业教育集团等具体措施支持校企合作，自此，产教融合从职教政策上升为国家战略。2019 年，国务院发布《国家职业教育改革实施方案》明确提出，推动校企全面加强深度合作。职业院校应当根据自身特点和人才培养需要，主动与具备条件的企业在人才培养、技术创新、就业创业、社会服务、文化传承等方面开展合作。学校积极为企业提供所需的课程、师资等资源，企业应当依法履行实施职业教育的义务，利用资本、技术、知识、设施、设备和管理等要素参与校企合作，促进人力资源开发。校企合作中，学校可从中获得智力、专利、教育、劳务等报酬，具

体分配由学校按规定自行处理。在国家产教融合建设试点基础上，建立产教融合型企业认证制度，对进入目录的产教融合型企业给予"金融＋财政＋土地＋信用"的组合式激励，并按规定落实相关税收政策。试点企业兴办职业教育的投资符合条件的，可按投资额的一定比例抵免该企业当年应缴教育费附加和地方教育附加。厚植企业承担职业教育责任的社会环境，推动职业院校和行业企业形成命运共同体。

产教融合主要就是在实践上将学习内容与职业需求串联起来，并秉承坚持认为先有"产"，而后有"教"的逻辑次序，体现了产业发展与教育教学之间的开放特征与运行规律。职业院校开展产教融合的实践逻辑——"职业需求导向"是各层次职业教育的源头和基础，体现了由供给侧主导向需求侧主导的完美转变，同时也表明了推动不同层次职业教育发展的动力来源。职业院校开展产教融合理论中的"融"更多是指由多元实施的企业主体的协同协作关系，也就是协同育人。协同育人指以职业院校教育为主体，政府引导、行业协同、企业参与、优势互补、多方联动的新型校企合作化人才培养培育方式。协同伴随着创新，在产教融合的各个方面须突破原有的边界和壁垒，在协同创新国家战略背景下，各类各层级职业院校根据产业企业的发展阶段对人才需求的变化，有针对性地进行专业设置、课程设置、实习实训基地建设及人才培养培育方案的革新。

协同育人的基础是深度开展产教融合，结合职业院校需求和社会资源在企业与职业院校双赢的形式下开展的深度合作，将专业学习和现场实践教育相结合，将理论学习与实践实习相融通，在企校一体化视角下开展实践教学各个环节，同时利用产教融合的优势进行创新创业教育，通过不断开展合作、互相配合，职业院校和企业充分发挥各自优势，实现优质教育资源的互补，共同培养培育适应经济社会发展需要的高级专门技术技能人才。

打造职教科技园产教融合平台，就是要打造整合株洲职教科技园区各职业院校校内外优势办学资源，融创新性师资培养、实践教学创新、技术创新服务、科技创新产品、产业企业培育于一体的产教融合平台，增强株洲职教科技园区内各院校产教融合的能力。产教融合平台需要借鉴新公共管理思想，制订明确的协同育人绩效目标，按照"资源整合、文化融合、产学结合"的协同育人模式，把产业链、创新链、人才链统一结合起来，推动相关专业群人才培养与岗位需求相衔接，共建生产型实训基地、技术服务和产品研发中心、技能大师工作室、创新创意创业实践中心。实训基地在实施生产、服务的同时，也承担专业实训教学、技能大赛指导、人才培养方案修订、课程开发、技术研发等任务，要有力促进教学与实践、育人与生产的融合，形成"专业共建、课程共担、教材共编、师资共培、基地共建、人才共育"的协同育人体系。

（三）打造职教科技园职业技能鉴定平台，助力各院校推行"1+X"证书制度

《国家职业教育改革实施方案》明确提出，启动"1+X"证书制度试点工作。深化复合型技术技能人才培养培训模式改革，借鉴国际职业教育培训普遍做法，制订工作方案和具体管理办法，启动"1+X"证书制度试点工作。试点工作要进一步发挥好学历证书作用，夯实学生可持续发展基础，鼓励职业院校学生在获得学历证书的同时，积极取得多类职业技能等级证书，拓展就业创业本领，缓解结构性就业矛盾。国务院人力资源社会保障行政部门、教育行政部门在职责范围内，分别负责管理监督考核院校外、院校内职业技能等级证书的实施（技工院校内由人力资源社会保障行政部门负责），国务院人力资源社会保障行政部门组织制定职业标准，国务院教育行政部门依照职业标准牵头组织开发教学等相关标准。院校内培训可面向社会人群，院校外培训也可面向在校

学生。各类职业技能等级证书具有同等效力，持有证书人员享受同等待遇。院校内实施的职业技能等级证书分为初级、中级、高级，是职业技能水平的凭证，反映职业活动和个人职业生涯发展所需要的综合能力。

打造职教科技园职业技能鉴定平台，助力各院校推行"1＋X"证书制度。职教科技园职业技能鉴定平台主要功能：一是资源整合，为职教科技园中高职学生提供职业技能鉴定的相关信息。职业技能鉴定是一项建立于职业技能水平的测试和考核，它是经过考试考核机构对学员从事各种不同职业所应掌握的技术技能理论知识和实际操作能力的水平做出客观的测量和评价。该平台致力于对各个职业技能鉴定的相关信息进行收集、整理和发布，让职教科技园中高职学生及时有效地掌握更全面的考核信息，也更加方便快捷。二是通过平台整合职教科技园内各中高职院校及职业教育培训评价组织紧密合作，助力各院校推行"1＋X"证书制度。职业教育培训评价组织是职业技能等级证书及标准的建设主体，对证书质量、声誉负总责，主要职责包括标准开发、教材和学习资源开发、考核站点建设、考核颁证等，并协助试点院校实施证书培训。培训评价组织应能够凝聚有关行业领域龙头企业、院校专家，在标准开发、教材和学习资源建设、师资培训、考核管理、证书发放等方面具有一定经验和实力，颁发的证书行业企业高度认可，有对应的企业真实岗位或岗位群。培训评价组织需要有一个扶植培育和不断完善的过程。

职教科技园区各院校是"1＋X"证书制度试点的实施主体。试点院校主要应做好以下几个方面的工作：一是选择有关职业技能等级证书，确定参与试点的专业。二是统筹专业（群）资源，深入研究职业技能等级标准与有关专业教学标准，推进"1"和"X"的有机衔接，将证书培训内容及要求有机融入专业人才培养方案，优化课程设置和教学内容，加强专业教学团队建设，选派教师参加有关培训。三是根据在校学生取证需要，对专业课程未涵盖的内容或者需要特别强化的实训，在培训评价组织支持下，组织开展专门培训，同时可面向社会成员开展培训。四是符合条件的院校按程序申请设立为考核站点，配合培训评价组织实施证书考核。五是管理和使用好有关经费。

（四）打造职教科技园职业技能比赛平台，发挥技能比赛对教育教学的指挥棒作用

打造职教科技园职业技能比赛平台，由株洲职教协会牵头，职教科技园区各职业院校承办市级、省级、国家级各项目比赛，引领各专业建设与教学改革。这是因为技能大赛本就源自实际生产，因此技能大赛的开展就是对学生们职业技能的一种检验，最能够反映出行业、企业对技术人才的职业技能要求。所以中、高职院校要想全面掌握并且了解行业、企业的职业岗位需求，进而制定出科学合理的技能型人才培养需求，就必须要以技能大赛为导向，拓宽自身的办学思路。

技能大赛作用表现在以下三个方面：一是优化专业设置，推进课程改革。目前我国处于工业转型升级的关键期，需要大量的技能人才，尤其是既有理论知识又有实际动手能力的高技能人才。为此，职业技能大赛里面的内容匹配国家转型升级中对各专业岗位的能力要求。各职业院校紧跟技能大赛的标准，持续不断地对课程进行一轮又一轮的课改，构建了专业特色的项目化课程体系，并要求教师在日常的教学过程中，给学生灌输持之以恒、专研刻苦、爱岗敬业的工匠精神。二是促进教师教学能力增长。技能大赛充分调动了师生参加技能大赛、提高技能水平的热情，教师可以结合自身参加的项目，结合该项目所体现出的企业对人才的要求，动态调整自己的教学。比如，可以删掉一些陈旧的、实用性不高的知识点，补充一些技能大赛中出现的新理论、新技术。根据

大赛对学生实践能力的要求，教师要增强实践教学的针对性和实用性，并引领学生去自我探究一些先进性的技术。职业院校的学生普遍不爱学习文化知识，但对互联网却充满了热情。因此，职业院校的老师上课的时候可以借助慕课、微课等现代信息技术的"东风"，来满足不同学生的学习需求，以此逐渐提高学生学习的热情与能力。三是促进学生职业素质提高。职业院校的学生通过参加职业技能大赛，普遍增强了对知识的理解，提高了实际的动手能力，学生的综合职业素养和能力也得到了相应的提升。学生通过技能大赛高标准、高要求的训练后，自信心也得到了大幅度地提升，熟练的高技能以及展示出来的自信，受到用人单位的青睐。

五、建立校际统筹办学联席会议制度，协调园区各院校办学行为

建立株洲职教科技园校际统筹办学联席会议制度，增加多边交流，加强合作共建。该制度的建立，旨在协调园区各院校专业设置，帮助各院校打造特色专业（群）品牌；根据株洲市新兴产业规划，协调各院校积极做好专业服务株洲产业升级；加强校际统筹办学联席会与职教科技园管理办公室的联系，提升职教科技园管理办公室的决策和服务能力。

（一）协调园区各院校专业设置，帮助各院校打造特色专业（群）品牌

株洲职教科技园校际统筹办学联席会，协调园区各院校专业设置，帮助各院校打造特色专业（群）品牌。例如：湖南铁路科技

职业技术学院重点打造轨道交通电力牵引与机电技术、轨道交通车辆运用与智能制造、轨道交通运营与物流管理三个特色专业群品牌。湖南汽车工程职业技术学院重点打造新能源与智能网联汽车、汽车智能制造与服务、财经商贸三个特色专业群品牌。湖南化工职业技术学院重点打造化工智能制造与控制技术、化工生产技术、化学与生物制药技术三个特色专业群品牌。湖南铁道职业技术学院重点打造轨道交通装备制造、轨道交通运输、轨道交通智能控制三个特色专业群品牌。湖南中医药高等专科学校重点打造社区中医健康服务、中药产业服务特色专业群品牌。湖南省商业技师学院重点打造烹饪、酒店管理两个特色专业群品牌。湖南工贸技师学院重点打造通用航空技术、电商物流以及工业机器人、3D 打印、低空无人机专业组成的特色专业群品牌。湖南省株洲市工业中等专业学校重点打造服装艺术专业群、电子电气专业群品牌。

（二）根据株洲市新兴产业规划，协调各院校积极做好专业服务株洲产业升级

株洲职教科技园校际统筹办学联席会，根据株洲市新兴产业规划，协调各院校积极做好专业服务株洲产业升级。根据《株洲市轨道交通装备产业振兴行动计划》，围绕实施"先进轨道交通装备及关键零部件创新发展工程"，加强轨道交通装备制造产业关键核心技术攻关，打造国内外领先的干线电力机车、动车组、城市轨道车辆整机制造及其配套的关键核心零部件产业；开发中低速磁悬浮、储能式电力牵引轻轨车辆新兴业务；实现变流技术、控制技术、传动技术"同心多元"发展；拓展轨道交通衍生产业、路轨产业、工程项目高端服务业，打造全产业价值链核心竞争力，促进轨道交通装备制造向创造转型升级。为此，湖南铁路科技职业技术学院、湖南铁道职业技术学院两所高职院校要办好相关专业服务

好轨道交通装备制造向创造转型升级。

根据《株洲市航空产业振兴行动计划》，株洲航空产业的重点发展方向：一是发展通航发动机研制，包括无人机、通用飞机、公务机、支线客机和直升机的发动机研制，为全国乃至全球市场提供先进的发动机技术和产品。二是开展国内外主流发动机的维修和售后服务业务。三是加大现有整机制造企业的产品研发和制造能力建设，加大整机制造项目的引进力度，逐步开展多品牌、多系列的通用飞机整机研发和制造业务。四是凭借株洲通用机场紧邻城区的区位优势，充分发挥城市机场的功能，开展公务飞行、私人飞行、飞行培训、航空作业等运营业务，将运营与制造并重发展，充分发挥运营业的带动作用，带动制造业、服务业和航空衍生产业整体协调发展。为此，湖南工贸技师学院要办好相关专业如通用航空技术、电商物流以及工业机器人、3D打印、低空无人机专业服务株洲市航空产业的发展。

根据《株洲市汽车产业振兴行动计划》，按照"54321"的布局，积极引进和发展经济型轿车、新能源大巴车、纯电动乘用车、重卡、专用特种汽车五大类产品；着力建设汽车整车、零部件、现代服务业、文化展示四大体系；形成三大生产基地（高新区整车制造和核心零部件生产基地、株洲县南洲新区汽车零部件基地、芦淞区南方宇航专用车生产基地）、两大特色园区（醴陵、攸县专业特色汽配园）和一个物流文化展示区（天元区汽车博览园）。为此，湖南汽车工程职业技术学院要办好新能源与智能网联汽车、汽车智能制造与服务专业群，服务株洲市汽车产业的发展。

据《株洲市服饰产业振兴行动计划》，重点建设和壮大总部经济区、商贸中心和生产基地。扩大实体商贸规模，完善仓储物流配套，创新营销模式。提升并扩大芦淞市场群，拓展新市场群，同时大力发展电商，打造商贸中心。以芦淞市场群为基础，发挥女裤生产优势，完善布辅等原材料商贸交易，加速产业集聚，推进职业服饰升级，提升原辅料生产水平，推广芦淞服饰区域品牌，打造高端服饰自主品牌，形成"以芦淞服饰市场群和芦淞服饰国际博览交易中心为商贸主体，以新芦淞国际服饰产业园和醴陵船湾职业服饰产业园为生产支撑，以茶陵、炎陵纺织材料生产中心为原辅料基地"的大服饰产业格局。为此，湖南省株洲市工业中等专业学校要重点建好服装艺术专业群；湖南铁路科技职业技术学院、湖南汽车工程职业技术学院等院校要重点建好商贸物流类专业群服务株洲市服饰产业的转型升级。

(三)加强校际统筹办学，提升园区院校资源共享水平

如何建立起一套行之有效的管理和运行机制，使各类各级办学主体在株洲职教科技园区内共同取得发展？首先是要认清资源共享与彼此竞争的辩证关系。资源共享旨在实现最大限度的开放与各类优质资源的有效利用，盘活园区各职业院校的资源存量，提高各类资源的利用率。而园区内各职业院校都是相对独立的办学主体，在一定程度上彼此之间存在着办学的竞争压力，尤其是专业相近的院校，在师资招聘、招生就业等方面的竞争更为激烈。在强调特色办学的教育教学模式倡导下，选择共享还是"藏私"？是开放还是"保护"？优质资源共享的过程也是利益的再次分配的过程，应该是社会利益优先还是各个院校自身利益优先？两者的权重应该如何？建立一个科学合理的利益分配机制是资源共享的关键，需摆正各职业院校和社会的利益关系。利益分配的不均，将导致资源共享机制的逐步失效，因此在保障社会利益的同时，也要保障参与资源共享的学校——特别是优质职业教育共享资源提供学校的利益。

1.资源共享的必要性

(1)"两型社会"发展的需要

职教科技园选址于株洲市云龙新城，居于长株潭城市群的结

合部,是"两型社会"国家级配套改革试验区和综合性高技术产业基地的重点区域。职教科技园的建设必须遵循"两型社会"建设宗旨和要求,确保资源的高度共享和生态与人文环境的和谐相处,成为"两型典范"。但是入园院校专业的重复设置违背了两型社会建设的宗旨,如大部分院校都设置了信息技术专业、经济管理专业,另外一些院校的中职专业的人才培养已无法满足社会高技能、高素质人才的需求,这就需要职教科技园在建立之初,对这些重复、低效资源进行整合、优化,使职教科技园真正成为"两型社会"的典范。

(2)创建株洲职教品牌的需要

职教科技园建设应坚持高标准、高起点,通过一流的园区设施、一流的生态环境、一流的职业院校、一流的管理模式,在长株潭结合的株洲门户前,展示株洲新城市发展的第一形象,并在全省、全国形成品牌效应。职教品牌的树立,单靠一个专业、一个院校,这样的影响力是不够的,辐射范围小,发展的空间也非常有限。

(3)复合型人才培养的需要

由于历史发展过程中形成的原因,任何职业院校都会有自己的特色与优势,都会在专业构成、行业依赖、办学条件、师资队伍、实习实训基地建设等方面形成与众不同的地方。但这些特色和优势是相较于其他院校而言的,就培养高素质高能力的技术技能职业人才目标的要求来说,任何一所职业院校又都会显示出或多或少的先天不足,靠一所职业院校的资源来培养出复合型的职业技术人才,其能力是根本达不到的。各类职业院校要用自身优质的教学、优质的服务来赢得社会的认可,必须通过对优质教育资源的整合、优化和共享,走内涵式发展的道路。

2. 资源共享的原则

（1）有利于创建株洲职教品牌原则

所谓品牌，就是用于区别于别的学校所提供的教育服务的名称、术语、象征、记号或设计及其组合，为社会、家长和学生提供认为值得选择的功能性利益及附加价值利益的理由。由一般品牌的意义来看职教大学城的品牌，也许可以这样定义：在发展中创立的反映其园区内学校、学生主要信息，代表其办学质量、水平与认可度，具有内在价值和能够使其与园区外职业学校区别开来的标识。因此，品牌是大学城的内在品质和外在形象的统一，是大学城全面发展与突出特色的统一。有了品牌，就能在竞争的大潮中确立自己不可取代的地位和优势，就能在竞争中取胜。所以，抓住了品牌，就抓住了大学城建设和发展的主要问题或主要矛盾，其他问题或矛盾就容易解决了，而这正是职教大学城迅速崛起的突破口，更是大学城得以可持续发展的必由之路。

（2）宏观调控原则

由株洲市政府组织专家成立专家委员会，首先从调查研究入手，进行资源共享规划，建立共享机制，搭好共享平台。要充分考虑各学院、企业和科研机构的特长优势，在政策和资金上予以适当倾斜，做好宏观布局和调控工作，使教育资源合理配置，提高利用率和效益。

（3）开放自主与有偿共享原则

在充分尊重和承认教学资源差异性和多样性的前提下，实行开放性区域主义，面向地区、面向全省或全国，发展自由的、开放的、相互依存互补又各自独立的教学资源体系。谁投资，谁受益。对于在资源开发上有投入的单位和个人的知识产权要给予承认和保护，并按照有偿使用原则，给予一定经济回报。

（4）高效利用原则

无论是以教学设施、实训基地和生活设施为主的硬资源，还是以技能、知识为主的软资源，如果既能被资源所在地的学校利用，也能被园区群体共享，同时也可以为城市所利用，显然其利用效率就可以大为提高，反之社会的资源设施亦是如此。如各院校的实训基地可建成生产车间型，在进行教学的同时，也可为企业、商家提供服务，这样既能保证学生学到来自车间第一线的技能知识，也能为实训基地带来一定收入。同样，体育场馆设施、科技馆等也可向市民开放，使得园区内各种资源充分利用起来。

（5）资源增值原则

如果园区只是将可以共享的各种资源在一定的范围内低效地转换，并没有为其他系统提供附加值，那就难以形成效应。毫无疑问，集中了十所职业院校的职教科技园区既为院校与院校之间的资源有效利用，也为院校与城市间相互提供的附加值创造了种种的可能性。正因为如此，职教大学城区本身以及各组成部分，都应视为一种有价值的资源，并在规划中将它们整合起来考虑，形成资源在教育产业上的最大效应。如专业的整合，集中各个院校的优势、特色专业，做成一个大的专业群，从而把职教大学城的品牌推向市场，强强联合，形成大的集聚效应。

（6）可持续发展原则

园区既是一个面向大众的文化公益事业，也应是一个效益丰厚的文化商业事业，不能仅仅满足于把一些文化活动的功能填充在园区内，而应从多方面加以培育、提升、聚合成人气旺盛的文化热点，增强园区的整体竞争力，保证园区的可持续发展。

3. 资源共享与整合的主要内容

园区共享资源大体可分为有形物质资源和无形文化资源，也称之为硬资源和软资源。有形物质资源指的是园区内的资金和技术装备等物质性资源，包括教学设施、技术设备、文体活动设施、产业服务设施、生活服务设施以及自然生态资源等，例如图书馆、实训中心、体育场馆、医院、会展中心、公共绿地等。无形文化资源则包括符号化的文化知识、经验性的文化技能、创新性的文化能力和体验型的文化氛围。通常表现为人才、专业、知识、信息、技术、精神、气质等。硬资源体系的共享与软资源体系的共享在园区的建设使用中是不可分割的，是相互支持、互为依赖的。物质性资源的共享是文化资源共享的物质基础和必要条件，而文化资源的共享则是物质资源共享的社会基础和升华。这两个体系及其之间的相互关系和相互作用，构成了园区的资源共享系统。

园区的资源共享系统可分为三级：一级主要是面向整个城市的体育运动场馆、科技博览馆、图书艺术馆、公共绿地等；二级是服务各入园院校的公共教学楼、实训中心、生活服务设施等；三级则是分散在园区内独立的院校、系等单位的教育教学设施等。

表 5-1 共享资源配置表

共享范围	硬件资源	软件资源
城市共享	公共广场、办公楼、商业中心、展览中心、会议中心、科技馆、电影院、中心绿地广场、医疗中心	通过面向社会的各种培训，共享知识、技能
校际共享	学术交流与会议中心、学生宿舍、教师宿舍、食堂、大中型运动场设施、图书艺术馆、实训中心	重复、弱势专业的整合，师资共享（包括听课、辅导、咨询）、学生共享、网络信息资源的共享、学科知识、学术交流活动等
校区共享	专业实验室、小型商业服务区、教学楼	校园文化、精神

资源整合主要是通过对各入园院校的现有资源进行优化组合，以避免教育资源的浪费和重复建设，并达到实现各院校做大做强的目的。资源整合主要是整合入园院校已设置的重复专业和弱势专业，突出和保护优势和特色专业，从而建立大的专业群，树立职教城的品牌。各入园院校的专业设置存在很大程度的重复

性，亟须对入园院校的专业进行整合，打造精品专业、特色专业，为社会培养高素质、高技能人才。

4. 株洲职教科技园资源共享与整合实现的途径及建议

（1）构建具有战略意义的发展目标

株洲职教科技园要发展好，首要的任务是规划好其发展目标，作为指导思想，使得发展有一个明确的方向。株洲职教科技园立足于云龙新城，服务长株潭两型社会建设，是中南地区最大的职教中心。园区的管理和运行，实行园区合一、院校自主、有统有分、统分结合。"园"即职教科技园，设职教科技园管理委员会（简称"管委会"），"区"即社区，"统"是服务，"分"重特色。管委会与社区的管理实行"三统一"，统一人员、统一办公、统一管理园区的共享资源和公共事务。

管委会的职责范围包括讲座、课程、专业、科技项目的全面开放与共享；教材、图书馆、教学科研仪器设备、实训基地的全面开放与共享；文体中心、商务会议中心、科技馆、绿地广场等公共服务设施的全面开放与共享或租借利用；国家级、省级或院级精品课程建设成果全面开放与共享；网络课程、远程学习指导的开通共享；优质教师资源的全面开放与共享。总之，要构建更大平台，促进园区内各院校的共同发展与繁荣。

（2）实行市场调节与行政干预相结合的原则

由株洲市政府牵头成立园区管委会，并建立起正常的园区工作制度，组织协调职教科技园区教育资源共享事宜。由株洲市教育局有关负责人和各院校分管教学工作的院（校）长组成教学指导组，每学期至少召开一次教学指导会，指导教学资源共享工作，讨论决定有关方案和重要事项，解决中高职职业理论与技能衔接及高职院校之间课程设置雷同，缺乏特色化和个性化的问题；解决各职业院校生存与发展的问题，建立自己的特色专业，建立自己的精品课程。要特别避免为了争夺生源，盲目设置新专业，通过教学指导组协调办学方向，避免教育资源投入的浪费。由各院校教务处长和教育局职成处有关负责人组成教学协作组，负责协调日常工作和具体事项，每学期至少召开一次校际协调会，总结上学期经验，协调安排下学期工作。

但是，深化园区内教育资源共享光靠行政力量是不够的，更多地必须借助市场机制的魔力，寻求建立各校合作共享的机制。职教科技园作为一个整体，我们在向市场推出时，突出宣传各院校的优势和特色，让市场对各院校的办学优势和特色做出选择。这就要求各院校领导及教学管理人员，思想上要进一步提高认识，高度重视教育资源共享工作，行动上要予以大力支持，在人员、时间安排和经费落实等方面予以保证和有效倾斜。

（3）实行先易后难、由简到繁、分步实施、逐步推进的办法

具体实施计划及可行性设想是：第一阶段，在总结前期各校讲座限量开放的基础上，完善讲座开放实施办法，实现各校讲座全部自由开放。第二阶段，在前期各校限量选修的基础上，修订跨校选课办法，签订协议，课程共享，学分互认，实现全部公选课跨校选课、自由开放。第三阶段，制定有关条例，开设跨校辅修专业、第二专业，实现专业共享，学生、学籍共管。第四阶段，制定有关条例，开放图书馆和网络信息资源，建立图书资料联合目录库和学生通用图书借阅卡。学生可以在网上查阅园区内各所高校的图书目录，也可以跨校借书，实现图书信息资料的全面共享；同时，研讨有关运作机制，有条件地开放实验实训室，实现硬件设施共享。第五阶段，开展互聘任课教师的可行性研究，争取实现师资共享，优质教师跨校上课。

第六章

研究总结与展望

一、研究总结

湖南(株洲)职业教育科技园占地面积 5700 亩，总投资约 100 亿元，是一座经科教互动、产学研一体、校企所共赢、院校资源高度共享的现代化职业教育科技园。其发展定位是"工匠摇篮、两型典范、发展引擎"，将被打造成为全国具有重要影响的一流职教城。近年来，湖南(株洲)职业教育科技园全面对接"一谷三区"建设，为打造株洲·中国动力谷提供产业技术人才支持，彰显工业新城底蕴特色，构建"大职教、大发展"格局，横向拓展教育培训、创新转化、现代服务，引导职业教育科技园由"职教科技园"走向

"职教城""科创城""宜居城""服务城"。

在发展的过程中，湖南(株洲)职业教育科技园还存在着五个突出问题：一是学校生均用地面积尚未达到国家标准，亟须拓展教育科研用地；二是园区功能结构亟待完善，空间布局有待优化；三是配套服务设施建设滞后，环境品质有待提升；四是多头管理审批模式，项目落地缺乏保障，体制机制亟待完善；五是缺乏配套政策支持，后续产业发展平台搭建乏力。这些问题的存在，严重制约着湖南(株洲)职业教育科技园总体功能的有效发挥，严重削弱了湖南(株洲)职业教育科技园服务区域经济社会发展的能力。

本书是 2019 年度株洲市社科职教专项课题重点课题《职教科技园服务株洲市经济社会发展能力提升研究》(课题批准文号：SKZJ201901)的主要成果之一。针对如何提升湖南(株洲)职业教育科技园服务区域经济社会发展的能力这一关键问题，本书首先对湖南(株洲)职业教育科技园十年发展现状进行了回顾，总结了湖南(株洲)职业教育科技园的发展现状与存在的主要问题；第二，本书对湖南(株洲)职业教育科技园服务株洲经济社会发展的现状进行了详细的分析，主要内容包括株洲职教科技园各院校技术技能人才培养情况、株洲职教科技园各院校技术技能人才培训情况、株洲职教科技园科技创新成果及转化情况、株洲职教科技园各院校各类课题研究情况、株洲职教科技园各院校职业技能鉴定情况、株洲职教科技园各院校专业对接产业情况、株洲职教科技园各院校产教融合发展情况、株洲职教科技园服务经济社会发展的成功经验和存在的问题等内容；第三，本书对国内职教科技园服务区域经济社会发展典型案例进行了分析，主要内容是在国内选择若干典型职教科技园，对它们服务区域经济社会发展能力进行分析以及对提升湖南(株洲)职教科技园服务区域经济社会发展能力的启示；最后，结合对湖南(株洲)职教科技园以及国内知名职教科技园服务区域经济社会发展能力的研究，本书有针对性地提出了提升职教科技园服务株洲市经济社会发展能力的对策和建议，主要内容包括改进职教科技园管理体制，优化运营机制，提升职教科技园管理办公室的决策和政策执行能力；深度融入职教科技园各院校办学，提升株洲教投集团服务职教科技园和园区各院校发展的能力；打造优质资源整合平台，提升园区各院校资源利用水平；打造园区多功能服务平台，提升职教科技园服务各院校发展能力；建立校际统筹办学联席会议制度，协调园区各院校办学行为等内容。

由于时间紧、任务重，在研究的过程中还存在以下问题：

一是只选择了常州高等职业教育园区、重庆永川职教城、贵州清镇职教城、湖南（株洲）职教科技园四个职教科技园区作为本书的调研对象，调研的范围比较有限。在今后的研究中，我们将继续对全国知名职教城或职教科技园区服务区域经济社会发展状况进行调研。

二是由于湖南（株洲）职教科技园仍在建设之中，本次调研的数据只是截止到调研日期的数据，可能不是最终的数据，对形成相关结论可能会造成一定的不利影响，今后，我们将继续关注湖南（株洲）职教科技园的建设情况，完善相关数据。

三是湖南（株洲）职教科技园入驻院校情况不一，中高职院校同时存在，中职、高职和五年制高职学生等不同层次、学制的学生都有，同时，有些院校已经入驻完毕，有些院校只实现了部分入驻，还有个别院校仍在建设，在相关数据的统计方面可能存在口径不一致的情况。

二、研究展望

湖南（株洲）职教科技园自从 2009 年开工建设至今已经走过

了 10 年的历程，发展定位从"城市名片、两型典范、技师摇篮、发展引擎"转变为"工匠摇篮、两型典范、发展引擎"，将"工匠精神"嵌入发展定位之中更加彰显湖南（株洲）职教科技园服务株洲老工业基地建设和发展的需求。十年来，如何让湖南（株洲）职教科技园更好地服务株洲和区域经济社会发展始终是湖南（株洲）职教科技园规划者、建设者、管理者、入园各院校以及社会各界关注的一个永恒课题。十年的发展历程，是湖南（株洲）职教科技园不断强化服务株洲和区域经济社会发展功能的过程，是湖南（株洲）职教科技园不断融入株洲和区域经济社会发展的过程。湖南（株洲）职教科技园的建设和发展，不仅带动了周边地区的发展和繁荣，更为株洲以及区域经济和相关行业发展培养了数以十万计的技术技能人才。湖南（株洲）职教科技园仍然处在建设和发展之中，各项管理制度和运行机制也在不断完善。这也为我们后续研究相关问题提供了机遇，今后，我们将在本研究的基础上继续关注湖南（株洲）职教科技园服务区域经济社会发展能力提升的相关问题，不断完善湖南（株洲）职教科技园的管理体制和运行机制，促进园区各院校、企业更加紧密地开展校际合作、产教融合，为湖南（株洲）职教科技园探索出一条更加高效地服务株洲和区域、行业发展的科学道路。

附录　株洲职教科技园十年回眸

一、株洲职教科技园建设的必要性

(一)建设职教科技园是株洲市经济社会发展的需要

株洲"两型社会"建设，是株洲打造职教科技园项目的直接推动力。作为一个重工业城市，目前已形成以轨道交通装备、航空、服饰、陶瓷有色冶炼、化工、建材、火力发电、机械为主导的重工业型的产业结构。2018年株洲市经济运行保持总体平稳、稳中有进、稳中向好的发展态势。据统计，株洲市GDP同比增长7.7%(见附图1)，比上年加快0.1个百分点，比全国高1个百分点。从产业看，第一产业增长3.2%，第二产业增长6.4%，第三产业增长10%。三大产业的比重为5.5:46.4:48.1，第三产业占比同比提升7.3个百分点，第一产业、第二产业分别回落0.7和6.6个百分点。规模工业增加值同比增长6.9%，高于全国0.5个百分点；园区规模工业增加值占比为76.6%，较上半年提升0.9个百分点；非公有制规模工业占比达到62.4%，比去年同期提升0.6个百分点。前三季度全市固定资产投资比上年同期增长1.9%。职教科技园的建设可以拉动株洲的经济发展，对株洲经济发展起到很大的带动作用。

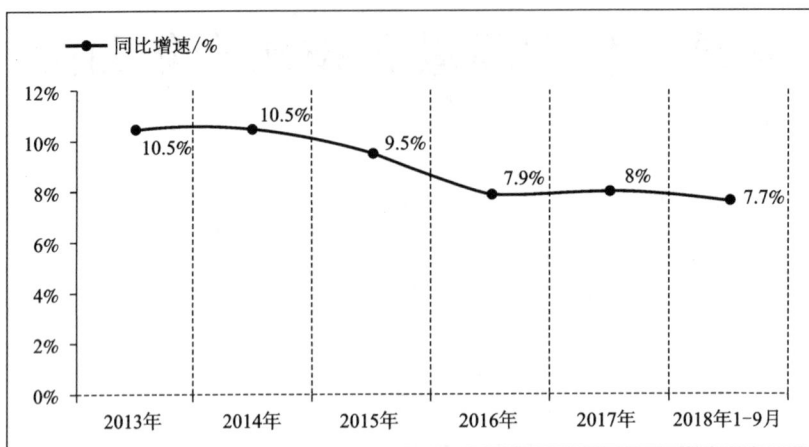

附图1　2013—2017年株洲市GDP总量增速变化趋势图

从投资情况看，近年来，株洲市固定资产投资增速逐年减缓。2017年株洲市的固定资产投资比上年同期增长了13.3%（见附图2），比全国同期水平高6.1个百分点，比全省同期水平高0.2个百分点。从经济类型看，国有投资下降10.8%，非国有投资增长29.5%。从产业类型看，第一产业投资增长88.1%；第二产业投资增长10%，其中，工业投资增长9.9%；第三产业投资增长11.5%。从投资方向看，高技术产业投资增长71.7%；生态投资增长30.3%；战略性新兴产业投资增长1.2%；基础设施投资下降6.7%。全市亿元以上项目494个，比上年增加51个；新开工亿元以上项目478个，比上年增加216个。全市房地产开发投资比上年增长16.1%。商品房销售面积755.2万平方米，增长1.2%；商品房销售额371.1亿元，增长19.4%；年末房屋待售面积93.2万平方米，下降38.5%。株洲职教科技园的建设需要大量投资，对缓解株洲投资下降具有一定的作用。

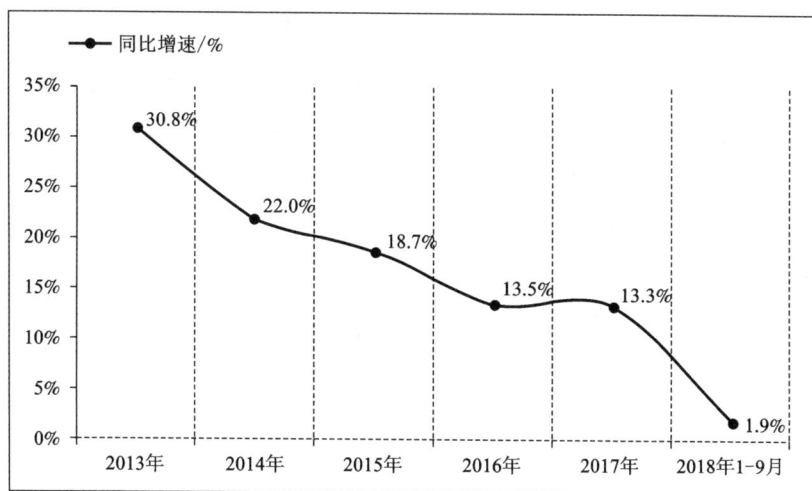

附图2　2013—2017年株洲市固定资产投资增速统计图

（二）建设职教科技园是株洲承接产业转移的需要

中部地区要加快承接国外以及其他发达地区的产业转移，利用自身优势建设成重要的新能源和新原材料设计生产基地、现代装备制造产业基地、高新技术产业基地，打造国内具有领先水平的重要先进制造业中心。株洲市优先承接发展的产业：一是机械产业，包括高端电力装备和应急安全装备；二是汽车产业，包括新能源车整车、汽车用发动机和变速器总成；三是通用航空航天产业，包括航空发动机、通用直升机、先进无人机、飞机动力控制系统、直升机减速传动系统、飞机刹车系统、卫星和飞机导航系统、卫星遥测遥感系统、航空新材料、飞机零部件等；四是轨道交通产业，包括高铁动车组、地铁动车组、城际动车组、大功率电力机车、铁路货车组、城市智轨车辆制造和修理、城市轨道交通车辆制造和维修、城市轨道交通装备关键系统及核心零部件等；五是化工产业，包括无机盐、绿色染料、颜料、涂料、油墨及类似产品等；六是有色金属及硬质合金产业；七是电子信息和集成电路芯片制造；八是建材产业，包括新型环保建筑墙体屋面材料和装饰材料，协同处置城市污泥、建筑垃圾等废弃物的烧结新型墙体及道路用建筑材料，烧结制品制造的部品及部件；九是食品产业及保健食品；十是纺织、服装、服饰等产业；十一是轻工、艺术陶瓷、砂石画工艺美术等产业；十二是医药产业，包括中成药、基因工程药物和疫苗、医疗仪器设备及器械等；十三是新材料产业，包括锂系化合物、汽车用高分子复合材料、大型风能叶片用高分子材料、3D 打印材料、聚酰亚胺薄膜、芳纶纸等化工新材料，先进陶瓷材料、金属及高分子增材制造材料、自修复材料、智能仿生与超材料、耐高温及耐蚀合金等；十四是智能制造装备、数控机床及刀具、工业机器人等产业。在株洲承接相关新兴产业转移的过程中，需要大量的高素质技术技能型人才，这为职教科技园的建设和发展提供了稳定的人才需求。

（三）建设株洲职教科技园是促进经济转型升级的需要

人们越来越认识到，教育和经济是社会发展的"双翼"，作为老工业城市和要以工业立市的株洲市来说，不能缺少与之相适应的高水平的职业技术教育。但是由于种种原因，株洲市职业教育的人均规模相比于全国平均水平处于比较落后的状态，如成人高等教育入学率、普通高校和成人高校在校生比全国平均水平低，职业教育的综合实力和沿海发达地区相比处于较低水平，与株洲市在全省经济发展水平中的地位也不相称。株洲经济要想实现快速发展、要完成市政府提出的"541"千亿产业发展规划的目标，呼唤与之相适应的大规模、高质量的职业技术教育，而建设经济强市以及实现株洲市新一轮的经济转型和腾飞、率先基本实现社会主义现代化的长远目标，更需要教育尤其是高等职业技术教育提供强有力的智力支持和人才保障。

（四）建设株洲职教科技园是整合优质职业教育资源的需要

作为世界经济新亮点的知识经济的发展和我国提出建设创新型国

家也呼唤一种集约型的办学体制，大学城无疑顺应了这一潮流。株洲市工业基础比较雄厚，但技术更新缓慢、创新力度不够制约了株洲工业经济的进一步发展。我们必须通过职业技术教育培养大批实用型创新人才，为株洲工业转型和经济腾飞插上翅膀。

株洲市职业技术教育学校办学资源比较分散、资源整合和合理利用比较困难，学校大多处于市区也使学校办学规模的扩大受到了硬性的制约。建设职业教育科技园一方面可以集中办学，合理整合和利用各校优势资源，符合建设"两型社会"的总体目标；另一方面园区的教育园区和科技园区可以相互配合，教育园区可以作为科技园区的科研基地与人才培养基地，科技园区可以作为教育园区的学生实习实训基地和教师职业技能培训基地。

建设职业教育科技园把全市的职业教育学校集中在一起，有利于以后各学校资源整合、强强联合，为株洲职业技术教育向更高水平、更大规模发展提供了广阔的空间。

（五）建设株洲职教科技园是缓解株洲人才匮乏的需要

一是株洲劳动力总量呈现总体下降趋势（见附3）。根据2010年第六次全国人口普查资料推算，从2010年到2020年的十年里，全市劳动力资源总数（男性16～60岁，女性16～55岁）的峰值出现在2011年，为260.28万人，之后从2012年到2020年呈现逐年下降趋势。2017年株洲市劳动力资源总数大概为253.18万人，近年来劳动力总量一直处于下降趋势，相比2010年株洲市劳动力绝对量减少了5.87万人。据预测，到2020年株洲市劳动力资源总数将下降至245.37万人，与2010年比株洲市劳动力资源总量将减少13.68万人，按照可比数量计算平均每年减少0.5%。劳动力资源作为基本的生产要素，对经济增长起着重要作用。劳动力资源减少，从短期看，可缓解就业压力；从长期看，对经济发展不利。

二是全社会从业人员和城镇非私营单位在岗职工人数同步减少。

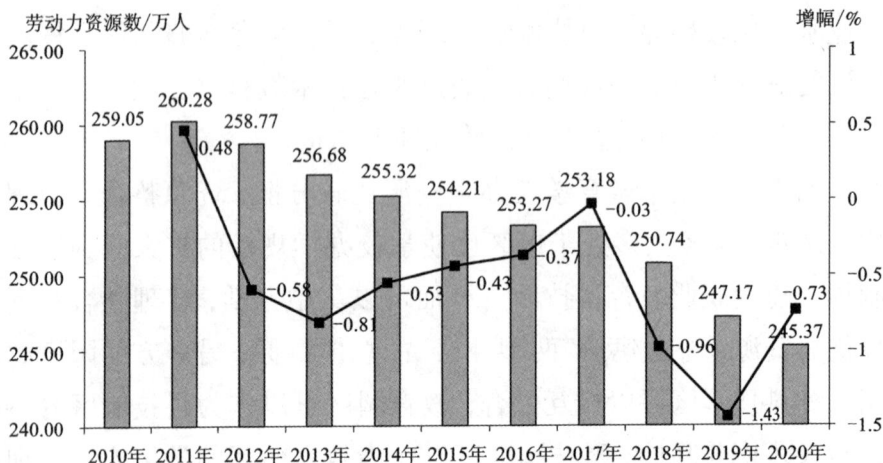

附图3　株洲市劳动力资源总量及增幅图

2017年,全市全社会从业人员245.6万人,同比减少1.8%。城镇国有企业在岗职工年末总人数为41.06万人,比上年同期减少了1.33万人,减少比例为3.1%,从2016年开始已经连续2年出现劳动力总数减少。在城镇非民营企业劳动力数量减少,情况中,从单位类型看;企业减少人员数量达到1.58万人,减少5.0%,占比最多;从行业看,减少的是制造业,共减少1.11万人,减少7.4%。城镇非私营单位职工人数的减少主要是国有制造业企业减少所致。

三是株洲市高素质技术技能人才严重缺乏。全市具备初级以上专业技术职称人员共计14.22万人,占全部就业人员数量的比重为21.1%,其中具有副高级职称以上的人员数量达到1.34万人,具有中级专业技术职称人员总量达到6.35万人,具有初级专业技术职称人数达到8.23万人。具有一定技术等级的蓝领技术工人,在株洲市工业各行业中相当匮乏。据统计,株洲市每百名从业者中具有高级技师、技师、高级工、中级工等专业技术登记证书的人数比例仅为0.21、1.32、4.62、6.69人,特别是具有技师和高级技师等高级工人数的比例相对比较低,高素质技术技能型人才短缺现象在短期内很难有所改观。

（六）建设株洲职教科技园是株洲实现"541"产业发展规划的需要

教育和经济是社会发展的"双翼"，作为老工业城市和要以工业立市的株洲市来说，不能缺少与之相适应的高水平的职业技术教育。但是由于种种原因，株洲市职业教育的相对规模长期落后于全国平均水平，如同龄人口高等教育入学率、每万人口拥有普通高校和成人高校在校生均低于全国平均水平，综合实力更落后于沿海发达地区，与株洲市在全省经济发展水平中的地位也不相称。株洲经济要想实现快速发展、要完成市政府提出的"541"产业发展的目标，呼唤与之相适应的大规模、高质量的职业技术教育，而建设经济强市以及实现株洲市新一轮的经济转型和腾飞、率先基本实现社会主义现代化的长远目标，更需要教育尤其是高等职业技术教育提供强有力的智力支持和人才保障。

二、株洲职教科技园建设规划及其变迁

2008 年，株洲市委市政府提出建设职教科技园的战略构想（见附图 4），初期规划的株洲职教科技园总占地面积 10412 亩（1 亩≈666.67 平方米），其中职教科技园教育教学用地 4362 亩，大学城用地 1915 亩，配套商业用地 4135 亩，预计投资 70.65 亿元。按照市委市政府的统筹规划，结合其他大学城运作管理的经验和教训，园区建成后的管理和运行，实行园区合一、院校自主、有统有分、统分结合①。"园"即职教科技园，设职教科技园管理委员会（简称"管委会"），"区"即社

---

① 职业教育大学城招商项目书

区，"统"是服务，"分"重特色。管委会与社区的管理实行"三统一"，统一人员、统一办公、统一管理园区的共享资源与公共事务。各院校内部的教学业务、校内生活区、校园秩序以及本校资源分别由各院校自主管理。

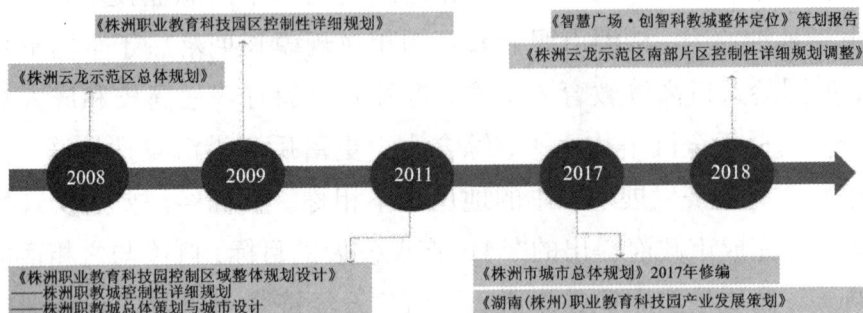

附图4　株洲（湖南）职教科技园的战略构想

2011 年，综合各方面的因素，株洲职教科技园规划用地调整为907 公顷，具体规划用地比例为：总用地907 公顷，城市主干道及水域、生态防护绿地等用地共计约占 20% ~25%，即有 680 ~725 公顷用地为开发用地，其中教育用地 310 公顷，占总用地的 34%，包括部分新城级共享公共设施；创新创业用地 80 公顷，占总用地的 9%，包括研发和孵化基地、部分办公商业开发；服务功能用地 80 公顷，不包括居住区及小区级配套，占总用地的 10%；居住配套用地 255 公顷，占总用地的 28%；大致比例为教育∶创新∶服务∶居住 =4∶1∶1∶3。

2018 年，规划总用地面积 1391 公顷，现状已建设用地约 606 公顷。其中主要包括道路交通景观基础设施用地、职业教育院校用地、现状保留居住工矿用地，以及已建成商住用地、公共服务设施用地、安置房用地等。建设项目及其进展情况（见附图 5）：院校建设项目，目前共 10 所职业院校全部落位，9 所已入园办学，1 所在建，已入园学生超过 8 万人。基础设施项目，近三年有 15 个项目基本建成，新拉通道路 17.7 千米，龙母河综合治理核心区完成约 2 千米；城铁大丰站前广场及联络线顺利通车，获评省优工程，片区环线正式形成。配套设施项目，建成了智谷商业街、就业创业中心、学府华庭一期、学府港湾一期、学府时代等项目。产业发展项目与中智集团、中科院云计算中心等开展了战略合作，打造产学研服务平台。园区多次承办全国、全省职工职业技能大赛。

注：
一、已建项目：
（一）院校
1.湖南有色金属职业技术学院；
2.湖南工贸技师学院；
3.湖南铁路科技职业技术学院；
4.湖南省商业技师学院；
5.湖南化工职业技术学院；
6.湖南中医药高等专科学校；
（二）配套服务
7.学府港湾；
8.学府华庭；
9.智谷商业西街；
10.创业中心一期；
11.城铁大丰站；
12.分布式能源1号站；
13.井龙安置房；
14.甘子塘安置房；

15.太平桥安置房；
16.碧桂园；
二、在建项目：
（一）院校
17.湖南中医药高等专科学校；
18.湖南汽车工程职业学院；
19.株洲市职工大学；
20.株洲市幼儿师范学校；
21.湖南铁道职业技术学院；
22.云龙长郡学校。
（二）配套服务
23.学府时代（住宅）；
24.城发翰林府（住宅）；
25.亿都澜庭（住宅）；
26.碧桂园麓府（住宅）；
27.打牛塘安置房；

28.大丰安置房；
29.分布式能源2号站；
30.云龙医院。
三、拟建项目：
31.学府港湾二期（商住）；
32.市属三校配套服务项目（商业）；
33.本家冲地块配套服务项目；
34.公交综合枢纽；
35.学府华庭二期（商住）。

附图5　株洲职教科技园总体规划和建设情况

三、株洲职教科技园建设现状

株洲职教科技园院校及配套设置建设用地情况见附表1。

附表1　株洲职教科技园院校及配套设置建设用地情况

序号	项目名称	规模及内容	投资额/万元	备注
1	湖南有色金属职业技术学院	占地面积约304亩，建筑面积22万平方米	37000	院校
2	湖南工贸技师学院	占地面积约242亩，建筑面积13.86万平方米	46226	院校
3	湖南铁路科技职业技术学院	占地面积约615亩，建筑面积24万平方米	87012	院校
4	湖南省商业技师学院	占地面积约219亩，建筑面积9.9万平方米	35000	院校
5	湖南化工职业技术学院	占地面积约573亩，建筑面积27万平方米	110000	院校
6	湖南中医药高等专科学校	占地面积约433亩，建筑面积16.6万平方米	37200	院校
7	湖南汽车工程职业学院	占地面积约539亩，总建筑面积21.47万平方米	102693	院校
8	株洲市职工大学	占地面积约200亩，总建筑面积11.53万平方米	54165	院校
9	株洲市幼儿师范学校	占地面积约201亩，总建筑面积10.5万平方米	50975	院校
10	湖南铁道职业技术学院	占地面积约780亩，建筑面积32.5万平方米	130000	院校
11	学府港湾	占地面积约58亩，建筑面积13.7万平方米	26503	住宅
12	学府华庭	占地面积约82亩，建筑面积14.5万平方米	40000	住宅
13	智谷商业西街	占地面积约71亩，建筑面积约4.5万平方米，600米长	19993	商业
14	创业中心一期	占地面积约63.45亩，建筑面积约6.3万平方米	34000	服务配套
15	分布式能源1号站	占地面积约9亩，建筑面积约0.11万平方米	4000	能源配套

续附表1

序号	项目名称	规模及内容	投资额/万元	备注
16	井龙安置房	占地面积约36.9亩，建筑面积约1.03万平方米	2694	安置小区
17	甘子塘安置房	占地面积约89.8亩，建筑面积约1.8万平方米	11202	安置小区
18	太平桥安置房	占地面积约43.6亩，建筑面积约2.17万平方米	4787	安置小区
19	学府港湾二期（商住）	占地面积约25亩，建筑面积约9.1万平方米	30000	住宅
20	碧桂园小区	占地面积约191.4亩，建筑面积约22.89万平方米	100000	住宅
21	学府时代	占地面积约83亩，建筑面积约18.96万平方米	72000	住宅
22	城发翰林府二期	占地面积约74亩，建筑面积约12.38万平方米	55710	住宅
23	亿都澜庭	占地面积约53.63亩，建筑面积约11.29万平方米	33000	住宅
24	碧桂园麓府	占地面积约104.4亩，建筑面积约17.39万平方米	78255	住宅
25	打牛塘安置房	占地面积约69.3亩，建筑面积约6.08万平方米	12327	安置小区
26	大丰安置房	占地面积约27亩，建筑面积约2.5万平方米	12881	安置小区
27	分布式能源2号站	占地面积约2亩，建筑面积约0.10万平方米	3000	能源配套
28	云龙医院	占地面积约169亩，建筑面积约21万平方米	152000	公共基础设施
	合计		1382623	

株洲职教科技园基础设施和商业用地情况见了附表2。

附表2 株洲职教科技园基础设施和商业用地情况

序号	项目名称	规模及内容	投资额/万元
1	智慧路(迎宾大道－崇文路)	长约540 m, 路幅宽32 m	3746
2	崇文路(北环路－崇德路)	长约1160 m, 路幅宽30 m	9297
3	双洲路(红旗路－碧霞路)	长约380 m, 路幅宽27 m	2816
4	盘龙路(北环路－崇德路)	长约1140 m, 路幅宽42 m	6112
5	盘龙路延伸段(北环路－银山路)	长约630 m, 路幅宽42 m	8820
6	明礼路(崇文路－云龙大道)	长约1310 m, 路幅宽30 m	3256
7	明礼路(云龙大道－城市支路)	长约730 m, 路幅宽30 m	7194
8	智慧路(盘龙路－云龙大道)	长约970 m, 路幅宽32 m	4835
9	智慧路东延段(云龙大道－新塘路)	长约1700 m, 路幅宽30 m	21606
10	崇德路(迎宾大道－厚信路)	长约1770 m, 路幅宽30 m	4267
11	崇德路(云龙大道－升龙路)	长约760 m, 路幅宽30 m	4353
12	厚信路(北环路－明礼路)	长约350 m, 路幅宽30 m	2655
13	傅家冲路(云龙大道－盘龙路)	长约730 m, 路幅宽20 m	3231
14	学林路(厚信路－云龙大道)	长约440 m＋580 m, 路幅宽42 m	6898
15	学府港湾东侧道路(学林路－崇德路)	长约360 m, 路幅宽20 m	948
16	银山路(北环大道南侧支路－盘龙路)	长约720 m, 路幅宽13 m	3992
17	向阳北路(云龙大道－水园路)	长约540 m, 路幅宽40 m	8924
18	云龙站(大丰站)站前广场及联络线	藏龙路(云龙大道－言书路)长390 m, 路幅宽40 m; 广场通道长430 m, 路幅宽15.5 m; 站前路长310 m, 路幅宽26 m。站前广场16230 m^2	21496
19	城市支路(北环路－智慧路)	长约610 m, 路幅宽24 m	5117
20	弘智路(北环大道－智慧路)	长约600 m, 路幅宽30 m	6515
21	升龙路(北环大道－学林路)	长约1700 m, 路幅宽32 m	13999
22	龙母河综合治理工程(崇德路－潜龙湖段东岸)(学林路－北环路段西岸)	东西岸各1900 m长河道水利及景观绿化	44355

续附表 2

序号	项目名称	规模及内容	投资额/万元
23	学林路龙母河桥	桥长 163.08 m（25 m + 3 × 35 m + 25 m），桥幅宽 42 m	2236
24	崇德路龙母河桥	桥长约 111.06 m（32 m + 40 m + 32 m），桥幅宽 30 m	1632
25	明礼路龙母河桥	长约 70.06 m（18 m + 26 m + 18 m），桥幅宽 30 m	1307
26	数学桥	上层主桥 13 m + 21.5 m + 28 m + 21.5 m + 13 m，桥幅宽 3.3 m；下层桥 4 × 20 m + 2 × 16.5 m + 19 m，桥幅宽 5 m	1500
27	横石干渠［田林路（学林路）－田心大道］	全长约 414 m，其中明渠 229 m，暗渠 185 m	1187
	合计		202294

从目前情况看，已完成建设用地约 606.16 公顷，其中，公益类用地面积 457.09 公顷（占比为 75%）、保留用地及已建经营性用地 149.07 公顷（占比为 25%）。（见附表 3，附图 6）

附表 3　株洲（湖南）职教科技园建设用地使用情况

用地类别	建设用地现状	面积/公顷	用地比例/%
公益类用地	1. 现状已建职业教育用地	235.35	38.8
	2. 现状已建产业发展用地	6.40	1.06
	3. 现状已建公共服务设施	9.93	1.64
	4. 现状已建道路与交通、公用设施用地（供水、供电、供气、供热、环境、安全设施用地等）、绿地与广场用地	205.41	33.9
经营性用地	现状保留用地及已建经营性用地	149.07	24.6

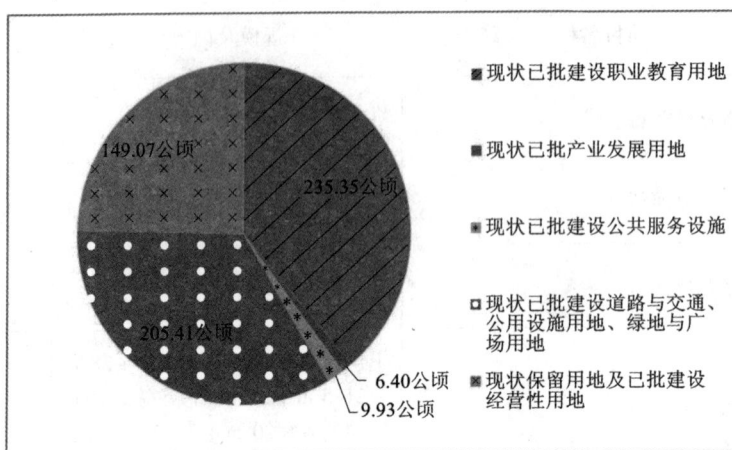

附图6 各类建设用地使用情况饼状图

剩余可开发经营性用地面积为 157.87 公顷(占比 20.11%),剩余待开发公益类用地面积为 538.56 公顷(占比 68.59%),非建设用地面积为 88.74 公顷(占比 11.30%)。(见附表4,附图7)

附表4 株洲(湖南)职教科技园剩余用地

用地类别		面积/公顷	用地比例/%
非建设用地(规划水域)		88.74	11.30
待开发经营性用地		157.87	20.11
待开发公益类用地		538.56	68.59
其中	1. 待建职教用地	147.61	18.80
	2. 待建公共服务设施用地	34.74	4.42
	3. 待建产业发展用地	85.80	10.93
	4. 待建道路与交通、公用设施用地(供水、供电、供气、供热、环境、安全设施用地等)、绿地与广场用地	270.41	34.44

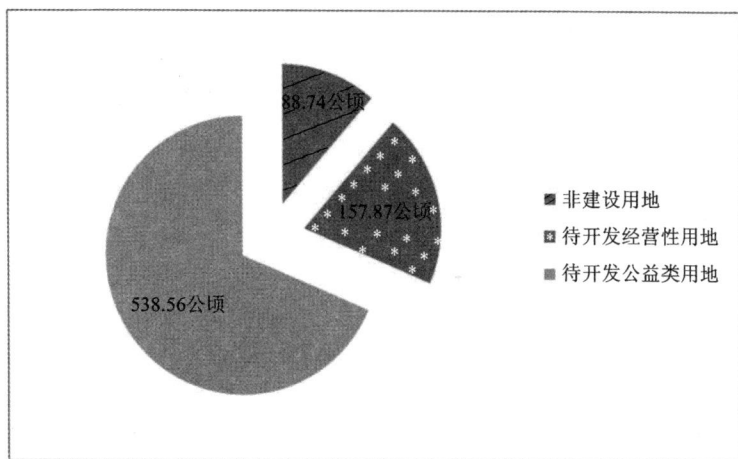

附图7　株洲(湖南)职教科技园剩余用地规划情况饼状图

用地现状分析：职教科技园规划用地总计约 1391 公顷(见附表5)：水域 88.7 公顷；已建设用地约 606 公顷；剩余用地约 696 公顷。职教科技园规划用地控线内主要干道云龙大道、迎宾大道、红旗路、北环路、学林路、新塘路等围合道路绿地面积约 164 公顷。

附表5　2018 年职教科技园建设用地情况分析表

(截至 2018 年 11 月 22 日)

序号	规划用地情况				已建设用地情况		剩余用地
	代码	用途	面积/亩	用地比例/%	面积/亩	已建设用地明细	面积/亩
1	R	居住用地	3285	15.74	2100	1. 安置房用地 248.24 亩 2. 已出让居住地 622.09 亩(北环 A 地块、学府港湾一期、学府时代、学府华庭、有色地块、碧桂园、亿都两块) 3. 红旗路以北不可用地块 931.73 亩 4. 汽职老校区资产 298 亩	1185

续附表 5

序号	规划用地情况				已建设用地情况		剩余用地
	代码	用途	面积/亩	用地比例/%	面积/亩	已建设用地明细	面积/亩
2	B	商业用地（商业、商务、加油站约29亩等）	1319	6.32	136	1.已出让商业地块（智谷商业街、学府港湾二期、学府华庭二期）128.49亩 2.加油站用地约7.63亩	1183
3	A35 B9	产业发展用地（包括潜龙湖三块、创业中心、创业二期地块、彭家湾地块、木家冲地块、智慧广场用地等）	1383	6.63	96	95.93（创业中心）	1287
4	A32	职业院校用地	5744	27.52	3530	3529.85（10所入园院校）	2214
5	A	公共管理与公共服务设施用地	670	3.21	149	149.40（云龙医院）	521
6	S U G	道路与交通、公用设施用地	7137	34.20	3081	1.已建成区道路绿地广场面积约1110亩 2.控线内主干道云龙大道、红旗路、北环路、学林路、新塘路等已建设道路绿地面积约1970.8亩	4056

续附表5

序号	规划用地情况				已建设用地情况		剩余用地
	代码	用途	面积/亩	用地比例/%	面积/亩	已建设用地明细	面积/亩
7		水域面积	1331	6.38	—	—	—
		合计	20869(1391公顷)	100	11328(606公顷)		10446(696公顷)

　　10所职业院校基本落位,基础设施建设仍待推进。现状已(在)建项目约30个(不含道路基础设施);10所职业院校已全部落位,9所入园办学,1所(湖南铁道职业技术学院)正在建设,东部预留2处学校用地(见附图8)。

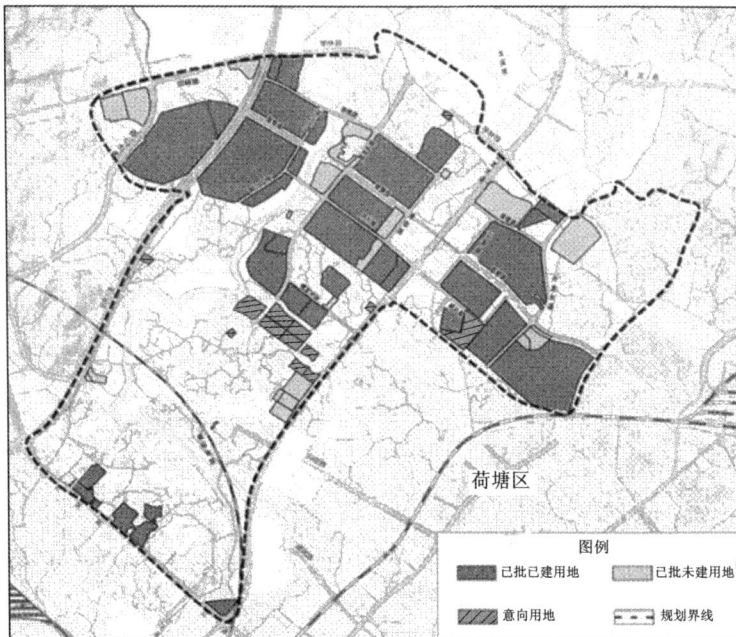

荷塘区

图例
已批已建用地　已批未建用地
意向用地　规划界线

附图8 职教科技园用地建设动态图

各学校生均用地面积均未达到国家标准。国家标准为本科/高职生均用地面积为 59 米²/人，中职生均用地面积为 33 米²/人。职教科技园目前共 10 所职业院校，9 所已入园办学，1 所在建，现状学校总用地 286.82 公顷，在校学生超过 8 万人。9 所院校在校学生规模取得了 20%～50% 的增长，职教科技园的聚集效应和品牌效应日趋明显。园区现状各学校基本生均用地面积尚未达到高等/中等职业院校的国家标准。（见表附6、附表7）

附表6 株洲（湖南）职教科技园学校规模预测

学校名称	需求设施规模（体育设施除外）/万米²	需求用地规模/公顷	规划学生规模/人
株洲市幼儿师范学校	13.8	40	5400
株洲市职工大学（工业学校）	7.6	31.9	5400
株洲技术学院	18.6	40	6200
湖南铁路科技职业技术学院	34.5	44	9000
湖南化工职业技术学院	17.3	33.8	8000
湖南化工机械学校	14.6	33.3	6000
湖南商业技术学院	11.7	27.7	5000
株洲职业技术学院	20.0	40	9000
湖南铁道职业技术学院	27.6	78.2	11000
合计	165.7	368.9	65000

附表7 2018年职教科技园现状学校生均用地面积情况

学校名称	学校性质	2018年学生规模	学校用地/公顷	现状生均面积/（米²/人）	生均国家标准/（米²/人）	现状生均面积是否达标
株洲市幼儿师范学校	中职	5000	13.47	26.94	33	否
株洲市职工大学（工业学校）	中职	6000	13.47	22.43	33	否
湖南汽车工程职业学院	高职	11539	35.93	31.14	59	否
湖南铁路科技职业技术学	高职	10090	40.73	40.37	59	否

续附表7

学校名称	学校性质	2018年学生规模	学校用地/公顷	现状生均面积/（米²/人）	生均国家标准/（米²/人）	现状生均面积是否达标
湖南化工职业技术学院	高职	12000	38.20	31.83	59	否
湖南工贸技师学院（原株洲技术学院）	中职	5388	16.12	37.37	33	是
湖南省商业技师学院（原湖南商业技术学院）	中职	5411	14.67	27.06	33	否
湖南铁道职业技术学院	高职	11000	45.67	41.50	59	否
湖南有色金属职业技术学院	高职	7500	20.20	26.93	59	否
湖南中医药高等专科学校	高专	7736	44.40	57.39	59	否
合计		81664	282.86	34.64	—	

四、株洲职教科技园存在的基本问题

（一）园区主体功能单一，职教体系有待完善

目前园区主体以公办职业院校为主，只有教育、居住两大功能初具雏形，但"职教立交桥"断层，高职本科、工程硕士及工程博士的教育层级缺失，职教体系不完善，民办教育、培训实训、人力资源服务等平台还处于起步阶段，打造终身教育体系的平台缺口巨大。

（二）配套服务设施亟待提升，环境品质有待提质

目前职教科技园的商业配套仅有智谷商业西街，业态单一，交通基础设施（公共交通、区域性的路网）、公共服务设施（消防站、派出所、卫生所、幼儿园、中小学等）、居住配套等方面的配套建设明显滞后，整体建设主要集中在院校周边，公共配套区域建设滞后，智慧广场

等共享区项目亟待启动。

(三)园区实行多头管理审批模式,项目落地缺乏保障

职教科技园区地处云龙示范区,职教科技园区又设立有管理办公室,园区内发展的教育事业受市教育局指导,教投集团隶属市国资委独资国有企业,五方主体在职教科技园发展中直接或间接发挥着作用。云龙示范区管委会、职教科技园管理办、市教育局、教投集团、市国资委五方主体缺乏紧密的沟通和协调(见附图9),审批效率低,科学性和指导性不足,严重影响现状建设效果。

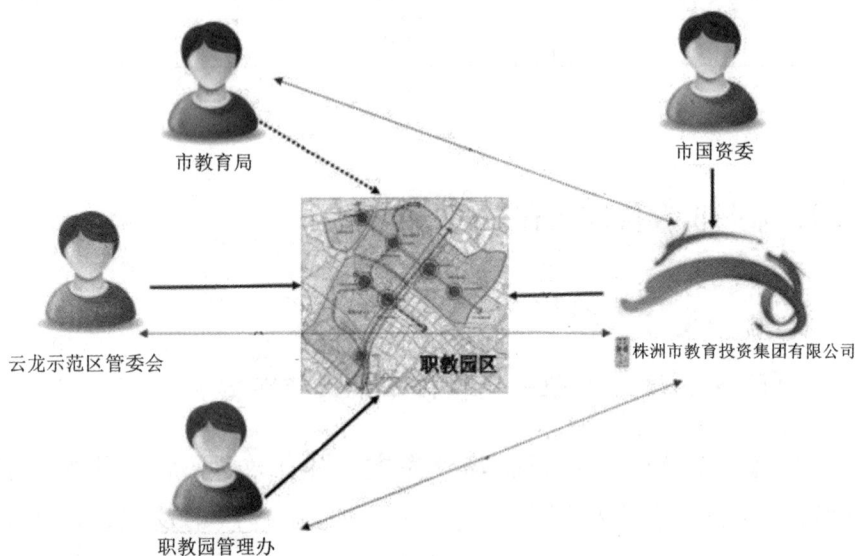

附图9 株洲(湖南)职教科技园管理格局

(四)园区管理体制亟待完善

主要表现在:一是上级渠道不通,管理办作为市政府管理的公益一类事业单位,鉴于单位性质和职能,与省教育厅、省人社厅等省级部门业务对口联系渠道不通,导致信息渠道、资源争取方面非常被动。

二是同级连接不畅，职教科技园管理办业务上归口云龙示范区管理，未全面落实。市教育局与园区职业教育发展的互动联系不紧密。"管建分离"后，仅靠联席会议、调度会议制度无法较好地协调园区建设项目，协调工作耗时耗力。三是统筹管理不灵，职教科技园 10 所入园院校中多为省管院校，隶属于不同上级主管单位。职教改革、资源共享、争取教育项目等统筹管理工作受阻。四是职权履行无力，统筹园区规划管理，缺乏话语权。着力园区资源共享和产业规划工作，无管理权限。推进园区项目建设进程，只能协调问题。加强园区安全生产、综合治理工作，优化园区办学环境，缺乏行政执法权力。希望市编办在"建管分离"之际对管理办职能重新定位："统筹园区规划管理，着力园区资源共享和产业规划工作，加快推进院校建设进程，加强园区安全生产、综合治理工作，优化园区办学环境。"

参考文献

[1] Gumprecht B. The campus as a public space in the American college town[J]. Journal of Historical Geography, 2007(33): 72 – 103.

[2] 重庆大学城[EB/OL]. [2017 – 1 – 3] http://www.cquc.net/.

[3] 俞建伟. 国外大学城概览[J]. 比较教育研究, 2002(10): 40 – 44.

[4] 袁义. 国内外高校联盟发展的比较研究[J]. 上海教育评估研究, 2017(2): 37.

[5] 项振海, 等. 基于可持续发展的大学城建设与城市良性互动探析[J]. 民营科技, 2019(9): 39 – 41.

[6] 青泉. 牛津大学城的简介[M]. 南京: 江苏高等教育出版社, 1987(3): 60.

[7] 余滢. 职教城教育资源整合运作模型研究[J]. 中国校外教育, 2010(10): 135 – 136.

[8] 徐辉. 欧洲"博洛尼亚进程"的目标、内容及其影响[J]. 教育研究, 2018(4): 94 – 98.

[9] 张鹏, 刘宇. 对高校教育资源区域性共享的思考[J]. 教育探索, 2016(11): 147 – 148.

[10] 刘世钰. 高教园区实验设备资源共享探索[J]. 实验技术与管理, 2019(11): 11 – 12.

[11] 王卫星. 高等教育资源共享机制探索与实践[J]. 会计之友 (下旬刊), 2018 (2): 121 – 123.

[12] 沈兵虎. 面向高教园区的教学资源共享研究[J]. 浙江学刊, 2017(4): 55 – 56.

[13] 袁欣. 分流与整合: 广州大学城教育模式选择[J]. 高教探索, 2014(4): 52 – 53.

[14] 沈兵虎. 面向高教园区的教学资源共享研究[J]. 浙江学刊, 2017(4): 91.

[15] 管德明. 试论高职院校的资源共享[J]. 黑龙江高教研究, 2018(10): 10 – 13.

[16] 刘世钰. 高教园区实验设备资源共享探索[J]. 实验技术与管理, 2009(11): 55 – 56.

［17］杨运鑫，罗频频.中国大学城提升运动：广州大学城的整体功能优化与品质改善［J］.高教探索，2014（2）：2-3.

［18］卢现祥，朱巧玲.新制度经济学［M］.北京：北京大学出版社，2007：159-160.

［19］刘有贵，蒋年云.委托代理理论评述［J］.学术界.2006（1）：70-71.

［20］道格拉斯·诺思.经济史中的结构与变迁［M］.上海：上海人民出版社，1999：225-226.

［21］宋延清，王选华.公共选择理论文献综述［J］.商业时代，2017（3）：45-46.

［22］弗莱蒙特·E.卡斯特.组织与管理［M］.北京：中国社会科学出版社，2000：282-298.

［23］宣勇.大学组织结构研究［D］.华东师范大学博士学位论文.2004：58.

［24］重庆大学城［EB/OL］.［2017-1-3］http：//www.cquc.net/.

［25］俞建伟.国外大学城概览［J］.比较教育研究，2002（23）：40-44.

［26］宁波大学园区［EB/OL］.［2017-1-3］http：//www.nbedu.gov.cn/jyzt/nbdx/zygx.htm.

［27］天津海河教育园区基本概况［EB/OL］.［2017-1-3］http：//www.thep.gov.cn/yqjj/jbgk/.

［28］深圳大学城［EB/OL］.［2017-1-3］http：//www.utsz.edu.cn/.

［29］深圳大学城［EB/OL］.［2017-1-3］http：//www.utsz.edu.cn/.

［30］宁波大学园区［EB/OL］.［2017-1-3］http：//www.nbedu.gov.cn/jyzt/nbdx/zygx2.htm.

［31］谢中秀.广州大学城高校联盟为何"联而不盟"［EB/OL］.（）2016-05-15）［2017-0l-18］http：//www.gzyouthnews.com/index/view/id/1308.

［32］朱莉.广州大学城教学资源共享研究［D］.华南理工大学学位论文，2010：25.

［33］谢中秀.广州大学城高校联盟为何"联而不盟"［EB/OL］.（）2016-05-15）［2017-01）-18］http：//www.gzyouthnews.com/index/view/id/1308.

［34］吕艺.浅谈天津海河职教科技园的资源共享［J］.科技资讯，2012（27）：184.

［35］贵州花溪大学城高校互选课程管理系统［EB/L］.［2017-1-3］http：//pct.gufe.edu.cn/guc/.

［36］赵建春等.南京九所高校共建教学联合体［EB/OL］.（2004-09-20）［2017-01-18］http：//news.buaa.edu.cn/gjzx/12083.htm.

［37］南京仙林大学城本科教学联盟［EB/OL］.［2017-01-6］http：//180.209.64.18/xljxlm.

［38］常州科教城公选课教务信息管理系统［EB/OL］.［2017-03-25］http：//58.193.0.94/.

［39］2013年高校合作办学与教学资源共享工作情况［EB/OL］.（2014-09-15）［2017-1）-

6]http：//www. shmec. gov. cn/web/jyzt/zygz)11)/jyzt_show. php? area_id＝3003&article_id ＝76051.

[40]赵建春等.南京九所高校共建教学联合体[EB/OL].（2004－09－20）[2017－01－18] http：//news. buaa. edu. cn/gjzx/12083. htm.

[41]贺林平.广东高校：学分互认无人喝彩[N].人民日报,2011(12)：58－59.

[42]教育部关于印发《普通高等学校基本办学条件指标(试行)》的通知[EB/OL].（2004－02－06）[2017－1－1)1]http：//old. moe. gov. cn//publicfiles/business/htmlfiles/moe/s7050/201412/xxgk_l)80515. html.

[43]詹姆斯・M. 布坎南.自由、市场和国家[M].北京：北京经济学院出版社.1998：36.

[44]陈瑜.组织结构理论及发展趋势研究[J].吉林大学硕士学位论文,2007：36－41.

[45]庄三舵,朱红斌.困境与出路：大学城管委会身份解析[J].教育评论,2016(4)：71.

[46]金一斌.建设和谐大学城：理念和着力点[J].江苏高教,2011(2)：31.

[47]肖玲.大学城区位因素研究[J].经济地理,2002(3)：274－276.

[48]王伯伟.大学城——城市范围的资源重组和开发[J].建筑学报,2001(9)：63－65.

[49]何晋秋,章琰.大学科技园的功能定位[J].中国高校科技与产业化,2005(8)：27－292.

[50]马歇尔.经济学原理[M].北京：北京大学出版社,2001.

[51]汤谦繁.我国高等学校社会服务研究[D].南昌：江西师范大学,2008.

[52]胡蓉.我国大学城的资源共享问题研究[D].武汉：华中科技大学,2006.

[53]赵玲.国外大学城用地布局研究及对我国的启示[J].四川建筑,2007(1)：9－10.

[54]郭志宏.我国大学城建设的问题与对策研究[D].沈阳：东北大学,2008.

[55]吴志强,卢仲良.大学城空间形态的弹性控制方法[J].城市环境设计,2004(2)：62－63.

[56]钟坚.美国硅谷模式成功的经济与制度分析[J].学术界,2002(3)：224－242.

[57]刘宁.大学园区对城市发展的影响研究[D].上海：华东师范大学,2014：64.

[58]胡庆康.剑桥奇迹——高技术产业在大学城的成长[M].上海：上海翻译出版社,1987：55－56.

[59]李友华,等.知识经济：21世纪的入场券[M].广州：广东人民出版社.1999.

[60]付恩琴.东湖大学科技园发展对策研究[D].武汉：武汉理工大学,2007.

[61]胡海建.大学城的理想与困惑[M].汕头：汕头大学出版社,2008.

[62]南京仙林大学城向科技城转型升级掀起创业创新浪潮. http：//www. njdaily. cn/2013/

0407/370665. shtml.

[63] 卜域. 大学校园功能复合化研究[D]. 上海：同济大学，2006.

[64] 李光辉. 我国产城融合发展路径研究[D]. 合肥：安徽大学，2014.

[65] 林利剑，滕堂伟. 世界一流科学园产城融合的分异、趋同及其启示——以硅谷与新竹科学工业园为例[J]. 科技管理研究，2014(8)：33－37.

[66] 洪惠群. 对广州大学城规划设计目标的矫正[J]. 城市规划，2010(4)：60－64.

[67] 福州市人民政府关于印发福州市"十二五"科技发展专项规划的通知. http://www. fuzhou. gov. cn/zfxxgk/brnxsq/bmxx/bmxx01/gkxx/201109/t20110916—481205. htmtype = szf.

[68] 约瑟夫·熊彼特. 经济发展理论[M]. 北京：商务印书馆，1990.

[69] S. Wright. Correlation and causation[J]. Journal of Agricultural Research. 1921（20）：557－585.

[70] 高新才，白丽飞. 溢出效应研究进展[J]. 兰州大学学报（社会科学版），2013，41(5)：88－93.

[71] Marshall A. Principles of economics：an introductory volume[M]. Macmillan，1920.

[72] Stiglitz，J. Reflections on the Natural Rate Hypothesis[J]. Journal of Economic Perspectives，1997，11(1)：3－10.

[73] Griliches Z. Issues in Assessing the Contribution of R&D to Productivity[J]. Bell Journal of Economics，1979，10(1)：92－116.

[74] Krugman P. Increasing Returns and Economic Geography[J]. Journal of Political Economy，1991，99(3)：483－499.

[75] Axel Düring，Hermann Schnabel. Imputed Interindustry Technology Flows－A Comparative SMFA Analysis[J]. Economic Systems Research，2000，12(3)：363－375.

[76] 王学真，李平. 理论模型中的溢出效应[J] 南开经济研究，1995(4)：61－64.

[77] 唐明娟. 知识资本对企业价值的影响研究[D]. 长沙：湖南大学，2012.

[78] Galbraith，J. R. Organizational Design.[D]. MA：AddisonWesley. 1977.

[79] Stewart TA. Trying to Grasp the Intangible[J]. Fortune，1995，132(7)：157－161.

[80] Sveiby K E. The New Organizational Wealth：Managing and Measuring Knowledge－Based Assets[M]. Berrett Koehler Publishers，1997.

[81] Leif Edvinsson and Patrick Sullivan. Develop a model for management intellectual capital[J]. European ManageMentJournal, 1996, 14（4）：356 – 364. 42Geography, 2009, 10（2）：231 – 255.

[82] 韩婷婷.高校研发对企业创新影响的实证研究[J].知识经济, 2017(6)：40 – 41.

[83] Woodward D, Figueiredo O, Guimarães P. Beyond the Silicon Valley：University R&D and hightechnology location [J]. Journal of Urban Economics, 2006, 60(1)：15 – 32.

[84] Greunz L. Industrial structure and innovation evidence from European regions[J]. Journal of Evolutionary Economics, 2004, 14(5)：563 – 592.

[85] 高妍伶俐.产业集聚、知识溢出与区域创新能力[D].广州：暨南大学, 2014.

[86] 高红生.企业异质性与企业的出口及对外直接投资选择[D].武汉：华中科技大学, 2012.

[87] Kirchhoff B A, Newbert S L, Hasan I, et al. The Influence of University R & D Expenditures on New Business Formations and Employment Growth[J]. Entrepreneurship Theory & Practice, 2007, 31(4)：543 – 559.

[88] Davies T. University – Industry Links and Regional Development：Thinking beyond Knowledge Spillovers[J]. Geography Compass, 2010, 2(4)：1058 – 1074.

[89] 吴玉鸣.官产学 R&D 合作、知识溢出与区域专利创新产出[J].科学学研究, 2009, 27 (10)：1486 – 1494.

[90] 姜晓璐.高校知识资本投入管理研究[D].上海：东华大学, 2013.

[91] 赵勇, 白永秀.知识溢出：一个文献综述[J].经济研究, 2009(1)：144 – 156.

[92] Kwon H U. Productivity Growth and R&D Spillovers from University to Industry[C]. Institute of Economic Research, Hitotsubashi University, 2004.

[93] Bramwell A, Wolfe D A. Universities and regional economic development：The entrepreneurial University of Waterloo[J]. Research Policy, 2008, 37(8)：1175 – 1187.

[94] Clive Lawson, Edward Lorenz. Collective Learning, Tacit Knowledge and Regional Innovative Capacity[J]. Regional Studies, 1999, 33(4)：305 – 317.

[95] Romer P M. Increasing Returns to Long – Run Growth[J]. Journal of Political Economy, 1986, 94(5)：1002 – 37.

[96] Griliches Z. The search for R&D spillovers. Scand J Econ 94（Suppl）：29 – 47[J]. Scandinavian Journal of Economics, 1992, 94(Supplement)：29 – 47.

［97］ Williamson C R. Informal institutions rule：institu－tional arrangements and economic performance［J］. Public Choice, 2009, 139（3）：371－387.

［98］ Kultti K, Takalo T. R&D spillovers and information exchange［J］. Eurasian Economic Review, 2015, 61（1）：121－123.

［99］ Keller W. Geographic Localization of International Technology Diffusion［J］. American Economic Review, 2001, 92（1）：120－142.

［100］ Dietzenbacher E. Spillovers of Innovation Effects［J］. Journal of Policy Modeling, 2000, 22（1）：27－42.

［101］ Jaffe A B. Real Effects of Academic Research［J］. American Economic Review, 1989, 79（5）：957－70.

［102］ Fischer M M, Varga A. Spatial knowledge spillovers and university research：Evidence from Austria［J］. The Annals of Regional Science, 2003, 37（2）：303－322.

［103］ 朱一新. 高校知识资本价值测量研究［J］. 财会通讯, 2011（25）：22－23.

［104］ 高畅, 李笑春. 科研机构知识资本形成路径研究［J］. 科学管理研究, 2013, 31（5）：30－32.

［105］ 刘巧梅. 我国大学城经济功能的实现研究［D］. 太原：山西大学, 2014.

［106］ 夏鲁惠. 中国高等教育区域发展报告［M］. 北京：国家行政学院出版社, 2011.

［107］ 何明珂. 高校在城市中布局的相关问题研究［J］. 城市规划学刊, 2006（2）：84－90.

［108］ 朱芮瑶. 高等教育集聚对区域创新能力影响研究［D］. 大连：东北财经大学, 2016.

［109］ 宋军. 大学城建设与城市发展的互动［J］. 城市问题, 2011（6）：48－51.

［110］ 周永山. 大学城建设管理模式研究［D］. 成都：西南交通大学, 2013.

［111］ 王海稳. 试论大学与城市互动发展的历史、困境及实现［J］. 教育发展研究, 2008（5）：13－15.

［112］ 陈芬. 城市边缘区大学城建设与城市发展的良性互动［J］. 经济管理与科技决策, 2011（9）：78－85.

［113］ 李获. 大学城与城市发展的良性互动研究述评［J］. 市场论坛, 2009（10）：76－79.

［114］ 吉萍. 新经济增长理论述评［J］. 云南民族大学学报, 2004（7）：8－9.

［115］ 潘懋元. 中国高等教育大众化的理论与政策［J］. 高等教育研究, 2001（12）：29－32.

［116］ 杨帆. 新型城市化及其评价指标［J］. 理论学习, 2008（3）：89－90.

[117] 佐佐木公明，文世一.城市经济学基础[M].北京：社会科学文献出版社，2000：30 – 35.

[118] 郑春海.我国大学城资源共享及联动经济效应研究[J].重庆大学学报，2008（8）：20 – 24.

[119] 赵效为.大学城与城市互动发展的经济学分析[J].复旦大学学报，2005（12）：8 – 12.

[120] 曾国平，等.大学城的外部效应及其发展对策研究[J].云南行政学院学报，2004（7）：18 – 19.

[121] 刘宁.大学园区对城市发展的影响研究[J].重庆大学学报，2013（12）：11 – 15.

[122] 王东.基于环境视角对大学与城市互动的分析[J].大连理工大学学报，2013（2）：22 – 25.

[123] 项振海，等.基于可持续发展的大学城建设与城市良性互动探析[J].民营科技，2010（9）：39 – 41.

图书在版编目(CIP)数据

职教科技园服务株洲市经济社会发展能力提升研究／
刘剑飞著. —长沙：中南大学出版社，2019.6
ISBN 978 - 7 - 5487 - 3655 - 4

Ⅰ.①职… Ⅱ.①刘… Ⅲ.①职业教育—关系—区域
经济发展—研究—株洲②职业教育—关系—社会发展—研
究—株洲 Ⅳ.①G719.2②F127.643

中国版本图书馆 CIP 数据核字(2019)第 117390 号

职教科技园服务株洲市经济社会发展能力提升研究
ZHIJIAO KEJIYUAN FUWU ZHUZHOUSHI JINGJI SHEHUI FAZHAN NENGLI TISHENG YANJIU

刘剑飞　著

□**责任编辑**	唐天赋	
□**责任印制**	易红卫	
□**出版发行**	中南大学出版社	
	社址：长沙市麓山南路	邮编：410083
	发行科电话：0731 - 88876770	传真：0731 - 88710482
□**印　　装**	湖南省众鑫印务有限公司	

□**开　　本**	710 mm×1000 mm 1/16	□**印张** 13.75	□**字数** 200 千字
□**版　　次**	2019 年 6 月第 1 版	□**印次** 2019 年 6 月第 1 次印刷	
□**书　　号**	ISBN 978 - 7 - 5487 - 3655 - 4		
□**定　　价**	68.00 元		

图书出现印装问题，请与经销商调换